心一堂術數古籍珍本叢刊

書名：王元極選擇辨真全書 附 秘鈔風水選擇訣【原（彩）色本】
系列：心一堂術數古籍珍本叢刊 選擇類 第二輯 236
作者：【民國】王元極
主編、責任編輯：陳劍聰
心一堂術數古籍珍本叢刊編校小組：陳劍聰 素聞 梁松盛 鄒偉才 虛白盧主

出版：心一堂有限公司
通訊地址：香港九龍旺角彌敦道六一〇號荷李活商業中心十八樓〇五—〇六室
深港讀者服務中心：中國深圳市羅湖區立新路六號羅湖商業大廈負一層〇〇八室
電話號碼：(852)67150840
網址：publish.sunyata.cc
電郵：sunyatabook@gmail.com
網店：http://book.sunyata.cc
淘寶店地址：https://shop210782774.taobao.com
微店地址：https://weidian.com/s/1212826297
臉書：https://www.facebook.com/sunyatabook
讀者論壇：http://bbs.sunyata.cc/

版次：二零一五年十二月初版
平裝

港幣 三百八十元正
定價：人民幣 三百八十元正
新台幣 一千四百九十八元正

國際書號：ISBN 978-988-8317-09-7

香港發行：香港聯合書刊物流有限公司
地址：香港新界大埔汀麗路36號中華商務印刷大廈3樓
電話號碼：(852)2150-2100
傳真號碼：(852)2407-3062
電郵：info@suplogistics.com.hk

台灣發行：秀威資訊科技股份有限公司
地址：台灣台北市內湖區瑞光路七十六巷六十五號一樓
電話號碼：+886-2-2796-3638
傳真號碼：+886-2-2796-1377
網絡書店：www.bodbooks.com.tw
台灣國家書店讀者服務中心：
地址：台灣台北市中山區松江路二〇九號一樓
電話號碼：+886-2-2518-0207
傳真號碼：+886-2-2518-0778
網絡書店：http://www.govbooks.com.tw

中國大陸發行 零售：深圳心一堂文化傳播有限公司
深圳地址：深圳市羅湖區立新路六號羅湖商業大廈負一層〇〇八室
電話號碼：(86)0755-82224934

心一堂微店二維碼

心一堂淘寶店二維碼

心一堂術數古籍珍本整理叢刊 總序

術數定義

術數，大概可謂以「推算（推演）、預測人（個人、群體、國家等）、事、物、自然現象、時間、空間方位等規律及氣數，並或通過種種『方術』，從而達致趨吉避凶或某種特定目的」之知識體系和方法。

術數類別

我國術數的內容類別，歷代不盡相同，例如《漢書・藝文志》中載，漢代術數有六類：天文、曆譜、五行、蓍龜、雜占、形法。至清代《四庫全書》，術數類則有：數學、占候、相宅相墓、占卜、命書、相書、陰陽五行、雜技術等，其他如《後漢書・方術部》、《藝文類聚・方術部》、《太平御覽・方術部》等，對於術數的分類，皆有差異。古代多把天文、曆譜、及部分數學均歸入術數類，而民間流行亦視傳統醫學作為術數的一環；此外，有些術數與宗教中的方術亦往往難以分開。現代民間則常將各種術數歸納為五大類別：命、卜、相、醫、山，通稱「五術」。

本叢刊在《四庫全書》的分類基礎上，將術數分為九大類別：占筮、星命、相術、堪輿、選擇、三式、讖諱、理數（陰陽五行）、雜術（其他）。而未收天文、曆譜、算術、宗教方術、醫學。

術數思想與發展——從術到學，乃至合道

我國術數是由上古的占星、卜筮、形法等術發展下來的。其中卜筮之術，是歷經夏商周三代而通過「龜卜、蓍筮」得出卜（筮）辭的一種預測（吉凶成敗）術，之後歸納並結集成書，此即現傳之《易經》。經過春秋戰國至秦漢之際，受到當時諸子百家的影響、儒家的推祟，遂有《易傳》等的出現，原本是卜筮術書的《易經》，被提升及解讀成有包涵「天地之道

（理）」之學。因此，《易・繫辭傳》曰：「易與天地準，故能彌綸天地之道。」

漢代以後，易學中的陰陽學說，與五行、九宮、干支、氣運、災變、律曆、卦氣、讖緯、天人感應說等相結合，形成易學中象數系統。而其他原與《易經》本來沒有關係的術數，如占星、形法、選擇，亦漸漸以易理（象數學說）為依歸。《四庫全書・易類小序》云：「術數之興，多在秦漢以後。要其旨，不出乎陰陽五行，生剋制化。實皆《易》之支派，傅以雜說耳。」至此，術數可謂已由「術」發展成「學」。

及至宋代，術數理論與理學中的河圖洛書、太極圖、邵雍先天之學及皇極經世等學說給合，通過術數以演繹理學中「天地中有一太極，萬物中各有一太極」（《朱子語類》）的思想。術數理論不單已發展至十分成熟，而且也從其學理中衍生一些新的方法或理論，如《梅花易數》、《河洛理數》等。

在傳統上，術數功能往往不止於僅僅作為趨吉避凶的方術，及「能彌綸天地之道」的學問，亦有其「修心養性」的功能，「與道合一」（修道）的內涵。《素問・上古天真論》：「上古之人，其知道者，法於陰陽，和於術數。」數之意義，不單是外在的算數、歷數、氣數，而是與理學中同等的「道」、「理」--心性的功能，北宋理氣家邵雍對此多有發揮：「聖人之心，是亦數也」、「萬化萬事生乎心」、「心為太極」。《觀物外篇》：「先天之學，心法也。……蓋天地萬物之理，盡在其中矣，心一而不分，則能應萬物。」反過來說，宋代的術數理論，受到當時理學、佛道及宋易影響，認為心性本質上是等同天地之太極。天地萬物氣數規律，能通過內觀自心而有所感知，即是內心也已具備有術數的推演及預測、感知能力；相傳是邵雍所創之《梅花易數》，便是在這樣的背景下誕生。

《易・文言傳》已有「積善之家，必有餘慶；積不善之家，必有餘殃」之說，至漢代流行的災變說及讖緯說，我國數千年來都認為天災，異常天象（自然現象），皆與一國或一地的施政者失德有關；下至家族、個人之盛衰，也都與一族一人之德行修養有關。因此，我國術數中除了吉凶盛衰理數之外，人心的德行修養，也是趨吉避凶的一個關鍵因素。

術數與宗教、修道

在這種思想之下，我國術數不單只是附屬於巫術或宗教行為的方術，又往往是一種宗教的修煉手段--通過術數，以知陰陽，乃至合陰陽（道）。「其知道者，法於陰陽，和於術數。」例如，「奇門遁甲」術中，即分為「術奇門」與「法奇門」兩大類。「法奇門」中有大量道教中符籙、手印、存想、內煉的內容，是道教內丹外法的一種重要外法修煉體系。甚至在雷法一系的修煉上，亦大量應用了術數內容。此外，相術、堪輿術中也有修煉望氣（氣的形狀、顏色）的方法；堪輿家除了選擇陰陽宅之吉凶外，也有道教中選擇適合修道環境（法、財、侶、地中的地）的方法，以至通過堪輿術觀察天地山川陰陽之氣，亦成為領悟陰陽金丹大道的一途。

易學體系以外的術數與的少數民族的術數

我國術數中，也有不用或不全用易理作為其理論依據的，如揚雄的《太玄》、司馬光的《潛虛》。也有一些占卜法、雜術不屬於《易經》系統，不過對後世影響較少而已。

外來宗教及少數民族中也有不少雖受漢文化影響（如陰陽、五行、二十八宿等學說。）但仍自成系統的術數，如古代的西夏、突厥、吐魯番等占卜及星占術，藏族中有多種藏傳佛教占卜術、苯教占卜術、擇吉術、推命術、相術等；北方少數民族有薩滿教占卜術；不少少數民族如水族、白族、布朗族、佤族、彝族、苗族等，皆有占雞（卦）草卜、雞蛋卜等術，納西族的占星術、占卜術，彝族畢摩的推命術、占卜術……等等，都是屬於《易經》體系以外的術數。相對上，外國傳入的術數以及其理論，對我國術數影響更大。

曆法、推步術與外來術數的影響

我國的術數與曆法的關係非常緊密。早期的術數中，很多是利用星宿或星宿組合的位置（如某星在某州或某宮某度）付予某種吉凶意義，并據之以推演，例如歲星（木星）、月將（某月太陽所躔之宮次）等。不過，由於不同的古代曆法推步的誤差及歲差的問題，若干年後，其術數所用之星辰的位置，已與真實星辰的位置不一樣了；此如歲星（木星），早期的曆法及術數以十二年為一周期（以應地支），與木星真實周期十一點八六年，每幾十年便錯一宮。後來術家又設一「太歲」的假想星體來解決，是歲星運行的相反，週期亦剛好是十二年。而術數中的神煞，很多即是根據太歲的位置而定。又如六壬術中的「月將」，原是立春節氣後太陽躔娵訾之次而稱作「登明亥將」，至宋代，因歲差的關係，要到雨水節氣後太陽才躔娵訾之次，當時沈括提出了修正，但明清時六壬術中「月將」仍然沿用宋代沈括修正的起法沒有再修正。

由於以真實星象周期的推步術是非常繁複，而且古代星象推步術本身亦有不少誤差，大多數術數除依曆書保留了太陽（節氣）、太陰（月相）的簡單宮次計算外，漸漸形成根據干支、日月等的各自起例，以起出其他具有不同含義的眾多假想星象及神煞系統。唐宋以後，我國絕大部分術數都主要沿用這一系統，也出現了不少完全脫離真實星象的術數，如《子平術》、《紫微斗數》、《鐵版神數》等。後來就連一些利用真實星辰位置的術數，如《七政四餘術》及選擇法中的《天星選擇》，也已與假想星象及神煞混合而使用了。

隨着古代外國曆（推步）、術數的傳入，如唐代傳入的印度曆法及術數，元代傳入的回回曆等，其中我國占星術便吸收了印度占星術中羅睺星、計都星等而形成四餘星，又通過阿拉伯占星術而吸收了其中來自希臘、巴比倫占星術的黃道十二宮、四大（四元素）學說（地、水、火、風），並與我國傳統的二十八宿、五行說、神煞系統並存而形成《七政四餘術》。此外，一些術數中的北斗星名，不用我國傳統的星名：天樞、天璇、天璣、天權、玉衡、開陽、搖光，而是使用來自印度梵文所譯的：貪狼、巨門、祿存、文曲，廉貞、武曲、破軍等，此明顯是受到唐代從印度傳入的曆法及占星術所影響。如星命術中的《紫微斗數》及堪輿術中的《撼龍經》等文獻中，其星皆用印度譯名。及至清初《時憲曆》，置閏之法則改用西法「定氣」。清代以後的術數，又作過不少的調整。

此外，我國相術中的面相術、手相術，唐宋之際受印度相術影響頗大，至民國初年，又通過翻譯歐西、日本的相術書籍而大量吸收歐西相術的內容，形成了現代我國坊間流行的新式相術。

陰陽學——術數在古代、官方管理及外國的影響

術數在古代社會中一直扮演着一個非常重要的角色，影響層面不單只是某一階層、某一職業、某一年齡的人，而是上自帝王，下至普通百姓，從出生到死亡，不論是生活上的小事如洗髮、出行等，大事如建房、入伙、出兵等，從個人、家族以至國家，從天文、氣象、地理到人事、軍事，從民俗、學術到宗教，都離不開術數的應用。我國最晚在唐代開始，已把以上術數之學，稱作陰陽（學），行術數者稱陰陽人。（敦煌文書、斯四三二七唐《師師漫語話》：「以下說陰陽人謾語話」，此說法後來傳入日本，今日本人稱行術數者為「陰陽師」）。一直到了清末，欽天監中負責陰陽術數的官員中，以及民間術數之士，仍名陰陽生。

古代政府的中欽天監（司天監），除了負責天文、曆法、輿地之外，亦精通其他如星占、選擇、堪輿等術數，除在皇室人員及朝庭中應用外，也定期頒行日書、修定術數，使民間對於天文、日曆用事吉凶及使用其他術數時，有所依從。

我國古代政府對官方及民間陰陽學及陰陽官員，從其內容、人員的選拔、培訓、認證、考核、律法監管等，都有制度。至明清兩代，其制度更為完善、嚴格。

宋代官學之中，課程中已有陰陽學及其考試的內容。（宋徽宗崇寧三年〔一一零四年〕崇寧算學令：「諸學生習……並曆算、三式、天文書。」「諸試……三式即射覆及預占三日陰陽風雨。天文即預定一月或一季分野災祥，並以依經備草合問為通。」

金代司天臺，從民間「草澤人」（即民間習術數人士）考試選拔：「其試之制，以《宣明曆》試推步，及《婚書》、《地理新書》試合婚、安葬，並《易》筮法，六壬課、三命、五星之術。」（《金史》卷五十一・志第三十二・選舉一）

元代為進一步加強官方陰陽學對民間的影響、管理、控制及培育，除沿襲宋代、金代在司天監掌管陰陽學及中央的官學陰陽學課程之外，更在地方上增設陰陽學課程（《元史・選舉志一》：「世祖至元二十八年夏六月始置諸路陰陽學。」）地方上也設陰陽學教授員，培育及管轄地方陰陽人。

（《元史・選舉志一》：「（元仁宗）延祐初，令陰陽人依儒醫例，於路、府、州設教授員，凡陰陽人皆管轄之，而上屬於太史焉。」）自此，民間的陰陽術士（陰陽人），被納入官方的管轄之下。

至明清兩代，陰陽學制度更為完善。中央欽天監掌管陰陽學，明代地方縣設陰陽學正術，各州設陰陽學典術，各縣設陰陽學訓術。陰陽人從地方陰陽學肄業或被選拔出來後，再送到欽天監考試。（《大明會典》卷二二三：「凡天下府州縣舉到陰陽人堪任正術等官者，俱從吏部送（欽天監），考中，送回選用；不中者發回原籍為民，原保官吏治罪。」）清代大致沿用明制，凡陰陽術數之流，悉歸中央欽天監及地方陰陽官員管理、培訓、認證。至今尚有「紹興府陰陽印」、「東光縣陰陽學記」等明代銅印，及某某縣某某之清代陰陽執照等傳世。

清代欽天監漏刻科對官員要求甚為嚴格。《大清會典》「國子監」規定：「凡算學之教，設肄業生。滿洲十有二人，蒙古、漢軍各六人，於各旗官學內考取。漢十有二人，於舉人、貢監生童內考取。附學生二十四人，由欽天監選送。教以天文演算法諸書，五年學業有成，舉人引見以欽天監博士用，貢監生童以天文生補用。」學生在官學肄業、貢監生肄業或考得舉人後，經過了五年對天文、算法、陰陽學的學習，其中精通陰陽術數者，會送往漏刻科。而在欽天監供職的官員，《大清會典則例》「欽天監」規定：「本監官生三年考核一次，術業精通者，保題升用。不及者，停其升轉，再加學習。如能黽勉供職，即予開復。仍不及者，降職一等，再令學習三年，能習熟者，准予開復，仍不能者，黜退。」除定期考核以定其升用降職外，《大清律例》中對陰陽術士不準確的推斷（妄言禍福）是要治罪的。《大清律例・一七八・術七・妄言禍福》：「凡陰陽術士，不許於大小文武官員之家妄言禍福，違者杖一百。其依經推算星命卜課，不在禁限。」大小文武官員延請的陰陽術士，自然是以欽天監漏刻科官員或地方陰陽官員為主。

官方陰陽學制度也影響鄰國如朝鮮、日本、越南等地，一直到了民國時期，鄰國仍然沿用着我國的多種術數。而我國的漢族術數，在古代甚至影響遍及西夏、突厥、吐蕃、阿拉伯、印度、東南亞諸國。

術數研究

術數在我國古代社會雖然影響深遠，「是傳統中國理念中的一門科學，從傳統的陰陽、五行、九宮、八卦、河圖、洛書等觀念作大自然的研究。……傳統中國的天文學、數學、煉丹術等，要到上世紀中葉始受世界學者肯定。可是，術數還未受到應得的注意。術數在傳統中國科技史、思想史，文化史、社會史，甚至軍事史都有一定的影響。……更進一步了解術數，我們將更能了解中國歷史的全貌。」（何丙郁《術數、天文與醫學中國科技史的新視野》，香港城市大學中國文化中心。）

可是術數至今一直不受正統學界所重視，加上術家藏秘自珍，又揚言天機不可洩漏，「（術數）乃吾國科學與哲學融貫而成一種學說，數千年來傳衍嬗變，或隱或現，全賴一二有心人為之繼續維繫，賴以不絕，其中確有學術上研究之價值，非徒癡人說夢，荒誕不經之謂也。其所以至今不能在科學中成立一種地位者，實有數困。蓋古代士大夫階級目醫卜星相為九流之學，多恥道之；而發明諸大師又故為惝恍迷離之辭，以待後人探索；間有一二賢者有所發明，亦秘莫如深，既恐洩天地之秘，復恐譏為旁門左道，始終不肯公開研究，成立一有系統說明之書籍，貽之後世。故居今日而欲研究此種學術，實一極困難之事。」（民國徐樂吾《子平真詮評註》，方重審序）

現存的術數古籍，除極少數是唐、宋、元的版本外，絕大多數是明、清兩代的版本。其內容也主要是明、清兩代流行的術數，唐宋或以前的術數及其書籍，大部分均已失傳，只能從史料記載、出土文獻、敦煌遺書中稍窺一鱗半爪。

術數版本

坊間術數古籍版本，大多是晚清書坊之翻刻本及民國書賈之重排本，其中豕亥魚魯，或任意增刪，往往文意全非，以至不能卒讀。現今不論是術數愛好者，還是民俗，史學，社會，文化，版本等學術研究者，要想得一常見術數書籍的善本、原版，已經非常困難，更遑論如稿本、鈔本、孤本等珍稀版本。在文獻不足及缺乏善本的情況下，要想對術數的源流、理法、及其影響，作全面深入的研究，幾不可能。

有見及此，本叢刊編校小組經多年努力及多方協助，在海內外搜羅了二十世紀六十年代以前漢文為主的術數類善本、珍本、鈔本、孤本、稿本、批校本等數百種，精選出其中最佳版本，分別輯入兩個系列：

一、心一堂術數古籍珍本叢刊

二、心一堂術數古籍整理叢刊

前者以最新數碼（數位）技術清理、修復珍本原本的版面，更正明顯的錯訛，部分善本更以原色彩色精印，務求更勝原本。并以每百多種珍本、一百二十冊為一輯，分輯出版，以饗讀者。

後者延請、稿約有關專家、學者，以善本、珍本等作底本，參以其他版本，古籍進行審定、校勘、注釋，務求打造一最善版本，方便現代人閱讀、理解、研究等之用。

限於編校小組的水平，版本選擇及考證、文字修正、提要內容等方面，恐有疏漏及舛誤之處，懇請方家不吝指正。

心一堂術數古籍珍本/整理叢刊編校小組

二零零九年七月序

二零一四年九月第三次修訂

序

尚書舜典曰在璇璣玉衡以齊七政七政者日月土木火金水七曜是也或以北斗七星為七政或以二十八宿分配七曜為七政均非我中華曆法三代上固不可詳自漢太初迄明大統由晦而明由粗而精其可考者凡經四十改至清遂以時憲而集其大成不但觀象臺擅長於上而民間握算持籌之士亦頗能識之粵省集福堂通書風行海內二百餘年昭昭在人耳目其他若北平之林氏通書亦且錚錚有聲矣而我蜀之以通書鬧世者則前有彭氏之慶雲堂蔡氏之聚星堂樊氏之福星堂惜其書皆在光緒宣統時代迄今停版已久不可復得得之亦悉不適用惟近有崇寧之三元堂出版已歷十年華陽之天昌館出版已歷六年二家之書互有所長逐年推行聲浪日熾當不似彭氏三家

之不究亦得也澈翁於治戎之暇亦好談此道頃閱天昌館通書喜其推步七政躔度纂造與渾天儀均極精妙尤能打倒四餘推翻化曜獨具隻眼與諸家之依據蕭盧者不同即此一端已足爭存於社會將為天文學研究之一助況測日月合朔弦望時刻日月兩大交食時刻二十四節氣時刻及日出入時刻悉與天象無差尤屬國粹而當保存者乎即以近人科學言之凡欲考驗農林水利地質生物之類亦未有舍天時而可以操勝算者也推步通書即善測天時者曆既經廢除而七政專門之標本亦無妨仍沿舊例以為人事之便孔子周人也周正建子孔子嘗言行夏之時澈翁請以此語贊之讀此七政通書者

中華民國十八年中元己巳秋節國民革命軍四川邊防軍第一師步一旅旅長嘉陽饒澈翁撰

序

華陽王君建五予車笠交也性樸誠孝友謙恭少習辭賦清廷變法遂專究天文地理術數諸書易代後予迍邅日甚牢騷抑鬱多託於詩渠閒與予唱和知信能屬文并知其邃於堪輿學也辛酉冬予改扦祖塋請其卜兆與談風水時露玄空詞皆破的予深為嘆服建五謝曰某不過草創耳賴周君玉亭討論之予有志安親其精研此道修飾潤色予其任之予雖謙讓未遑由是得了然會極子之玄空矣（非俗師所謂大玄空小玄空及玄空法鑑等書）通來同人等因憲曆不頒通書失軌乃刊選擇辨真全書用以授時俾知天星干支雖分道揚鑣實同歸一致況檢立成各表便能自選期課并不待乎師承此則

王周二君二十年來切磋琢磨會以心得證以群書經營慘淡而出之茲也又製揆日候星各儀器及三元真諦羅經此則二君按法繪圖藉楊君永孚之苦心妙手戛戛獨造而成者也但選擇僅為堪輿一端欲求具體須通形法形勢之書頗多佳本難以縷陳真理氣惟會極子河洛玄空即蔣傳謎言之那些子非搖鞭賦實指之那些子蓋此法能改天命奪神功本館以之覆舊扦新如響斯應然苟非其人道不虛行故羅經允當秘授予既列同人與聞未議畧述著書製儀之原如此

民國十二年鬭草節廣都移山人賈智龕序

凡例一

一是編所宗所闢俱從考據閱歷中得來而師承先賢腦筋尤有誓不輕傳之秘訣故直以選擇辨真名之

一是編推步天星所定本年七政行度經緯曆能仰觀以合現時天象而干支普通曆本所有合朔弦望節氣日出入各時刻等要亦從天算究根源

一是編天星干支各表式或從新核算或按舊校勘均為選擇捷徑而選擇要語各節簡切透明尤為全書入用之引導

一是編選定天星造葬課只以三煞歲破為限其餘各山關者自當按法選之活潑以求適用如其不明弧算可購本館儀器由捷徑入門果能候星不差不忌一切干支神煞

一是編選擇干支造葬課除三煞歲破不選外其餘各山皆列選定三課取其普通便用若欲兼候天星或煞占必須天星照臨非按最真方向兼有最靈鐘表不可強用

一是編不用烏兔經考俗傳烏兔經日時法以九宮八卦配太陽太陰水火木金土

五星並羅睺計都二星謬稱天星選擇不知天星必推經緯度分非九宮八卦起自月朔干支可得而假冒者也且七曜不足配九宮又采俗傳羅計二餘星以足九位四餘取二理已不通取以值日又取值時有如編排差遣之役果何說乎

一是編不用斗首年月查斗首一家為歷來羅氏通書所載以化氣論五行無偶不化單用干支何得拘泥化氣雖為時俗所尚本館亦不收錄

一尊帝二星並玉清王印之例已經前清乾隆刪除不用乃後出通書又或采入未免誤人本館亦不收錄

一人馬牛羊猪貓胎各占並宅龍伏龍墓龍各占均鄙俚不經本館概不收錄

一楊公忌日並月忌日均係俗傳本館概不收錄

一是編對於諸家選擇每多辨駁而不能從俗者以當百技競新時代倘故步自封不惟不足以求進化而素有精微亦必韓睇而失之欽若授時之道益將有不可問者也

一是編推步各數[illegible]續紛繁加以寫刻工粗不免魯魚亥豕凡有校正遺漏之處尚祈

高明賜[illegible]遠是荷

癸亥秋九月王元極謹識

凡例二

一是編不用太乙數以太乙年根用上古紀元本年(民國十八年己巳)為一千零一十五萬五千八百四十六年而核之黃帝紀元四千六百二十六年起之過遠雖有截年起算之法總覺荒杳無憑且有君基臣基等名猶懷封建思想殊屬可笑

一是編不用六壬奇門以壬奇自有專家且不及天星七政之真確無疑推尊七政自然不可再雜壬奇

一是編不用俗傳曆數太陽如雨水前後共十五日太陽到壬驚蟄前後共十五日太陽到亥之例指為天星靜盤到山不解天盤只有十二宮分為十二躔次二十四方位係地平方位二者不可混合為一且地球自轉一周成晝夜日月五星所躔之度必經過二十四山一次何得指定某日太陽到某山某度并將金水火各星亦倣曆數太陽指定某日某星到某山某度似此死板安排昏迷天象誤人伊於胡底

一是編不用四餘星有四餘辨偽一說已極詳明奈世俗淺見者流反疑七政四餘並用已久不可驟然革去甚至多方掩護務使偽法流傳候星雜亂果何心乎

一是編可用天星化曜以天星各有躔度非干支也不可以干支五行牽合天星化
出科名文星天官天祿等等名色
一天星忌用仇難當宗蔣氏天元歌陽令用陰陰令用陽為標準諸家宮垣五行之
舊說斷當廢去不可再存以誤人也
一舊本通書備載二十四山山運龍運穿音冲丁星曜消滅爆火黃泉日流太歲各
例均非選擇正軌本館概不收錄
一本館日紫白與北平林氏通書劃一不二其置閏法擬後補刊
一是編自癸亥出版以打倒四餘推翻化曜為宗皆頗得知音之士深相推許而候
星不雜四餘不牽化曜造福允覺特有把握也效驗神速固不待言
一本館製造各地平區渾天儀手工精妙已為同道歡迎每套定價大洋拾肆圓預
交完肆圓限一月到館取儀器并能指明用法以達到候星目的

己巳秋七月王元極補識

全書特要目錄

華陽王元極編輯
周宗璞
楊天佑繪圖
李登朝推步
賈芝
雙江賈右民
華陽王之瑗校字
謝紹棠
馮家華

雙江賈稜山參訂
犍為周性天
瀘縣羅慎餘
成都張樂山
樂山王明中
三台羅守衡
中江陳忠武
渠縣謝經常
灌縣宋澤亭
三台許存信

選擇辨真全書

天昌館 王元極建五
周宗璞玉亭 同推
楊天佑永孚

天星干支兼用弁言

選擇家或習干支而昧天星或倏天星而闢干支二者均非中道嘗考干支之法據河洛以推演乃深究乎陰陽五行之氣者也天星之法分宮度以測量乃仰觀乎日月五緯之象者也會而通之日月五緯之象即陰陽五行之象陰陽五行之氣亦即日月五緯之氣不過象有定而氣無定遂覺分而為二耳其實氣以理而可憑亦猶象以數而可測是必識此隱顯之互根乃能得吉凶之把柄不然單重干支月令何以昏中旦中迭詳單重天星曲禮何其剛日柔日有辨足見殊途同歸不必爭五門

户大道一貫切宜考究淵源本館同人有鑒於此步七政而經緯不淆曆象排六甲而宜忌悉遵憲書術通弧角恩用必取照臨局會叢辰吉凶自明趨避用以辨月而大小有定漫懷失朔之憂用以授時而節氣無差自致欽天之福世有精於此道者當不以為模稜云

說選擇根源

漢書藝文志云陰陽者流蓋出於羲和之官敬順昊天曆象日月星辰敬授民時此其所長也及拘者為之則牽於禁忌泥於小數舍人事而任鬼神讀此可見數學濫觴日滋訛謬在漢已然所以褚少孫補史記識其彼家云吉此家云凶彼家云小吉此家云大凶有若茫然不知其畔岸者也惟晉郭景純天光下臨地德上載藏神合朔神迎鬼避四語頗露天元真機尤賴清有曆象考成數理精蘊立法貫徹中西推步密於千古而甲曆則肇自大撓其選日之法郊日用辛社日用甲見於禮記郊特牲六月上甲始庇牲十月上甲始繫牲見於春秋穀梁傳詩小雅且有吉日惟戊吉日庚午之明文必如天元選擇所關而盡廢之恐不足以利用於人矣清之協紀辨方理已純正本館天星而外有干支曆本專門祖之不敢參以雜說者信如協乎五紀辨乎五方將以順天地之性也夫豈復如褚氏之所識耶

辨四餘星之偽

七政見於舜典其來最古而四餘則非古也考唐九執曆及回回曆始有羅睺計都兩餘後周王朴曾以番僧妖說訛之所以元授時曆尚置而不用至明大統曆乃益以紫炁月孛為四餘於是混入七政之列前清曆象攷成上編已謂紫炁無憑起算而去之其取正交為計都正交之對沖中交為羅睺固有均數而取最高為月孛則止平行而已攷成後編始改推最高實行為月孛而正交之均數亦大有更張較前似種種精密本館猶有所疑者以其有度無星不過太陰之用數耳謂為有氣而候之無星不可候也而氣又何自而來謂為有度即有氣也推太陰而求太陽之最高又豈無度乎且土木火金水各有最高行土木火各有正交行未嘗以其有度而指為有氣獨於太陰用數而曰羅睺曰計都曰月孛五法亦甚不倫也即有四餘月孛水餘也宜生於水羅睺火餘也宜生於火計都土餘也宜生於土顧不出此而概屬之太陰孛以月名月亦水精生於月猶可說也而羅計以天首天尾分火土牽強亦何甚歟推曆者自遵攷成以來本無紫炁數每以四餘不備別求已刪之法補入之

是紫炁之去取由人也而月孛羅計亦可知矣即謂月孛羅計為太陰用數與紫炁本有不同第存為太陰曆法可也又何必强立星名强安宿鈐以淆七政之妙用哉況以考成後編與上編並推得數所差甚遠如民國十三年甲子陰曆正月初日紀日甲寅後編數推得月孛五宮〇〇度〤〤分〤〤秒計都八宮〡〢度〇〤分二〇秒羅睺二宮〡〢度〇〤分二〇秒如無後編而仍舊上編數則推得月孛〇〤宮〤〣度〤〤分〥〡秒計都〡〣宮〡〣度〇〤分〇〤秒羅睺〇二宮〡〣度〇〤分〇〤秒是未出後編以前所用實非真度而星家俗學謂用之實有奇驗果何以為奇驗也歟而既有後編雖至精至密亦終是太陰用數並無星象可覩本館故不用之敢以質之邃於天學者

辨天星化曜之偽

又星化曜有從歲干起者有從歲支起者有從歲納音起者皆偽法也試以甲子年金星論之例化天耗化天妖化催官化產星化壽元同一星而吉凶互化已不可通況論星之恩用難忌天元秘旨本隨時令而變遷爾以化曜膠於一年其偽顯然可見蓋七政各有實行一推步而宮度分秒逐日不同太歲干支納音實與之風馬牛不相及也乃自唐以來星命家用之選擇家亦用之有如宗廟五行顛倒〻〻元結俗傳通書少有卓識吾與怪焉中西星要[illegible]號精天文者亦從而附會其說以為[illegible]之恒驗作化曜辨正曾謂[illegible]之以理頗多[illegible]解究竟不能掃而空之噫俗見之固人深矣又考中西[illegible]天算學[illegible]蘊亦不知此化曜之偽

選擇要語

古稱七政日月土木火金水是也後世所加炁孛羅計四餘本館已辨於前不能再用選課只以七政為主按定四時之氣春夏為陽秋冬為陰夏令以水為用金為恩冬令以火為用木為恩秋令以木為用水為恩春則分前用土火為恩分後用金土為恩且春分後陽氣日盛宜助以水秋分後陰氣日盛宜輔以火二分平氣則水火平用其當令極旺之星為難星春木夏火秋金冬水切不可犯其非難星而又尅制恩用者謂之忌星春分前之水春分後之火夏秋之土冬之金亦須避之恩用難忌而外所有閒星如其用之相時斟酌可也蓋五星陰陽火純陽土木次之水純陰金次之陽令用陰陰令用陽隨時消長以取沖和即青囊經陰陽相見福祿允貞之秘昔世俗不察有執金水木為吉火土為凶者非有宗星盤五行視命宮以定恩用難忌者亦非

干支課格有造命式天星亦有造命式法如星家推命以安准命度為主孫氏寶鑑賦本重命宮乃天元選擇引其紫微奎宿一節不推未窺全豹而反詆其微涉星家推命語尚非造命真詮所見抑何淺歟試思人以七政分司萬事其妙用總在一心天以七政造化萬物其精神全在黃道故造命真詮即以東方黃道出地平之一度為命度也然此一度甚不易求當天學未昌之時原躔立法僅以卯宮或及寅辰括之古星命書大略如是而選擇俗本又有誤執苑花而去之說以為葬事宜過酉宮安命者是不得其真常以不用為穩着今則按本處北極出地以弧角求立命真度及二宮三宮十二宮十一宮各線并十宮天頂凡六宮造有四川立成表詳後一反對之則十二宮線俱備黃道天命之源蓋有燎如指掌者也若猶居守陋習以為造命不在安命命又何自而造乎

中法命盤十二宮原主平分今用西法十二宮皆由弧角質定凡恩用日月在命宮為守照七宮為對照九宮五宮為三合照一宮十二宮為夾照八宮六宮為拱照十宮為天頂照一七四十宮為横天交氣照（一宮即命宮也）有時諸星參錯不能如此成局亦須遷得難忌乃剔求動盤而用之其有不論方位諸事又舍靜盤不能用天星選擇蓋靜盤體也動盤用也體用兩得為上得一者次之若兩失則非所謂課矣

吳氏大用論十二宮強弱以十宮乃天頂最高處為最強十二宮為黃道斜升十一宮為黃道正升皆有力九宮為赤道斜降強中差弱八宮為赤道降下最弱六宮已降四宮地底以及五宮三宮弱而又弱二宮將升弱中差強凡吉星宜居強地凶星宜居弱地吉星宜取三合頂格及在天頂最高處凶星落宮閒地及入地平下均無害於吉

中西星要論日月五星之方星月在最高力強在最卑力弱在北緯力強在南緯力弱同緯者則南緯以近黃道為強遠黃道為弱北緯以近黃道為弱遠黃道為強又五星之行遲則力重速則力輕留而力重退而甚返旋繞力更加重伏則無力又星月近日在日光下力輕不能主事凡事皆日主之在日光上則星月自能主事矣又論日月五星之權有舍升亦角伍五法是用六合五行偽也不必宗之

中西天文算學精蘊推步之政雖用考成舊表而土星年根改小卌分金水年根改合後編太陽誠比中西算學集要之有見也且測算立命到方諸法設例分明允為初學開蒙經所輯真原天星選擇亦較中西星要更精詳乃於化曜不知其偽立命

又以生命拘牽其至坐宿論五行而育談種種喜忌殊令人展卷不能無憾爲除化曜已辨於前茲不復贅試以立命論之選得日月恩用成格成局則天命自我而造也法本不問生命與干支沖尅家有別若拘牽生命必致多歧亡羊其坐宿喜忌一說更爲理所必無敢問列宿在天不在地周流不息一晝夜繞地平一周安有坐某山即坐得某宿之理舊傳羅經列宿坐度不過取爲架線定方之標準耳本館新製三元真諦羅經改用地經度取與箕天腳合坐宿之迷庶乎可以破矣

七政惟木星不取對照木星即歲星按星經歲星所在國吉不可伐對沖爲災若取對照是沖歲也賓鑑賦亦云歲德所在爲禎若對沖則反爲咎可證

星書有取升殿入垣者升殿謂天盤角一度與地盤角一度相對入垣謂行到本宮如角亢到辰氐房心到卯之類已爲天元歌所闢勿再宗之

動盤到方非孤角不能求得俗術昏迷天象徒以地平方位作二十四小時平分約之如候太陽不論何節氣總取卯時到卯乙時到乙辰時到辰巽時到巽之類按之晷影準以鐘點實不盡符蓋時刻係天當赤道度山向係地平經度惟北極之下赤道與地平相合自此以南則北極漸低漸生偏度又夏至日行北陸距地平遠則偏度最多冬至日行南陸距地平近則偏度最少因而加減遂節不同地平上下偏度數恒相反太陰五星更有出入黃道南北緯度其到方偏差較太陽尤甚此其所以不可約略而得之者也四川太陽到方立成表詳後如欲并候太陰五星而又不明孤角則必購取本館所製匾渾天儀（即渾蓋通憲儀）按法旋轉經緯分明用以仰觀方位時刻並無差錯其在靜盤之十二宮線亦比命度表燎如指掌焉但購儀器祇所有用法更須本館同人之傳授耳

動盤到方之格局假如冬令作午山火星到寅木星到戌是爲三合照寅戌每在地平下（四川寅戌在地平上時最少）午山須有太陽或太陰到乃爲可用若火星到丁木星到丙爲同宮夾照火星到未木星到巳爲陽宮夾照則恩用兩平當天山頭無星亦美又火木到午爲坐照美局也若到子亦爲對照到壬癸亥丑之爲拱照均在平地下午山亦須有太陽或太陰到乃爲可用又木火分到卯酉爲橫天交氣午山無星其氣不能貫注而子向地底有星者亦用之山向并有星成十字穿照最美且凡恩用成局兼有日月會臨爲日月輔恩用日月成局而恩用輔之爲日月交變以及日月合璧五星聯珠之類造福如神有非單取恩用單取日月所能及者若諸星參錯難成以

上等局則於靜盤取之而動盤只以太陽到山到向為用亦可

七政而外有用恒星一法詩曰定之方中作於楚宮是古用恒星之證也但要先定中星而後乃得各星所到故日中星鳥宵中星虛帝堯已於羲和有命至秦而月令出尤逐月備細以候之然歲差東移今古迥異非測現時天象造為中星真表實不足以蓄用恒星本館製有中星儀表係續出

恒星之吉者莫大於帝星帝星與斗杓相直星家最重斗杓所指謂之天罡能制冢煞潛藏挽法但以戌加月建數至用時或月將加時數至辰止皆能得其詣處但不如用杓星經緯求合本地經緯之一線不差耳王小寅辦駁碎言有云取天罡到山不取到向奈時師因有所指者吉所坐者凶之說誤將所指為到向往往求福反禍殊不知指者指坐山我對之即逆帝星之吉氣也及輪到向則背天罡而受河魁之氣矣本館按出師出行須分主客等事又必我坐帝垣仍用天罡指向為利

天星之吉轉移變化只在時上定之所以兼用干支亦無甚擊肘但凡選日先查三合年月諸法於將成未成之際即檢其日七政行度如法參取立命到方天星一定而四柱亦每相合本館同人研究十餘年洞見吉凶真有把柄夫豈調停兩法以投世俗之所好哉

干支選擇諸書每每旁搜博覽雖至不經之說亦必收之意謂不如此不足以通俗見本豈知所收愈廣魚目混珠吉凶少有定評併滋世俗拘忌本館折衷協紀視諸家掃除頗多凡神煞起例必有陰陽五行來歷總正者乃堪入選計十種一曰本年天干二曰二合雙山三曰本年十二建星四曰本年納音五曰本年五虎遁六曰四方例七曰納甲八曰翻卦九曰歲駕十曰河圖洛書其有不從此十種推出者皆偽法也

宗鏡制煞要法云坐三煞何太歲此不能制者也（本館真天星有時不忌）三煞在方在向及陰府在山比可制而不易制者也其餘紛紛神煞中煞制之小煞不必制有吉星同到自能壓伏除太歲在山在方宜合不宜中炙退在山在方宜補不宜𪧫此外則四法而已干犯干制支犯支制三合犯三合制納音犯納音制但山頭之煞又不可用尅制法只以諸吉照之若用尅制則尅倒山頭矣又凡凶方忌太歲月建與之三合易於鼓禍若年納音所尅之方則有凶亦甚無害

選擇書有指太歲為天子月令為權要之輔相日主為近民之有司者似也遂并指

時為僕從小吏而輕之則謬之至矣獨不思陰陽五行之理轉移全在乎時時乃崇月日吉凶禍福之機關也漢書五行志言時加未翼奉傳言時加卯吳越春秋亦言時加於巳古人久已重時今用六壬七百二十課奇門四千三百二十局莫不以時為起例且四大吉時有甲丙庚壬時艮巽坤乾時癸乙丁辛時之別固不獨天星之立命到方乃專重於辨時也

年月日時為四柱者造命式也天元歌專重天星謂古有仙人造命訣不是干支子平法未免矯枉過正宗鏡扶龍補山相主各條已經協紀收錄可遵用之凡選得天元一氣或地元一氣或兩干兩支不雜或三奇三德三合六合之類格局雖成倘於龍山主命無關用之有何效驗是必先握定龍山主命以取成格成局而貴人祿馬財官印食堆拱逞沖諸妙隨手拈來頭頭是道但非熟於其事者不能

天星圖表

天學深而且繁非圖不明其理非表不便於用而算法尤為第一要着爰列繁切圖表如左算法自有專書茲不錄

地體圖

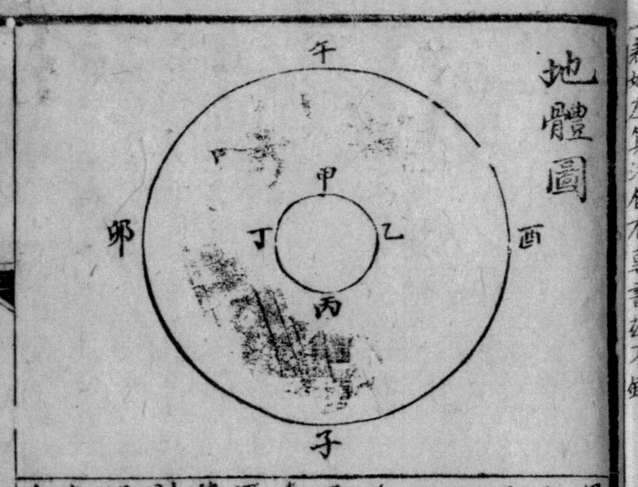

設如午酉子卯為日天甲乙丙丁為地球日在午人居甲者日正在其天頂得午時人居丙者日卯在其天頂對沖而得子時東去甲九十度居丁者得酉時而西去甲九十度居乙者又得卯時矣夫居甲丙者以酉乙丁卯為地平而居乙丁者則又以午甲丙子為地平蓋大地皆以日到天頂為午正也是故測東西之經度者兩地同測月食虧復時刻相隔一小時則東西相去三千里知測南北之緯度則於兩地測北極出地之度所差一度則相去二百里此皆地球圖體之明驗也地自轉一周成晝夜地繞日一周成寒暑必知地為行星之一日為星地道之心乃可與言天學

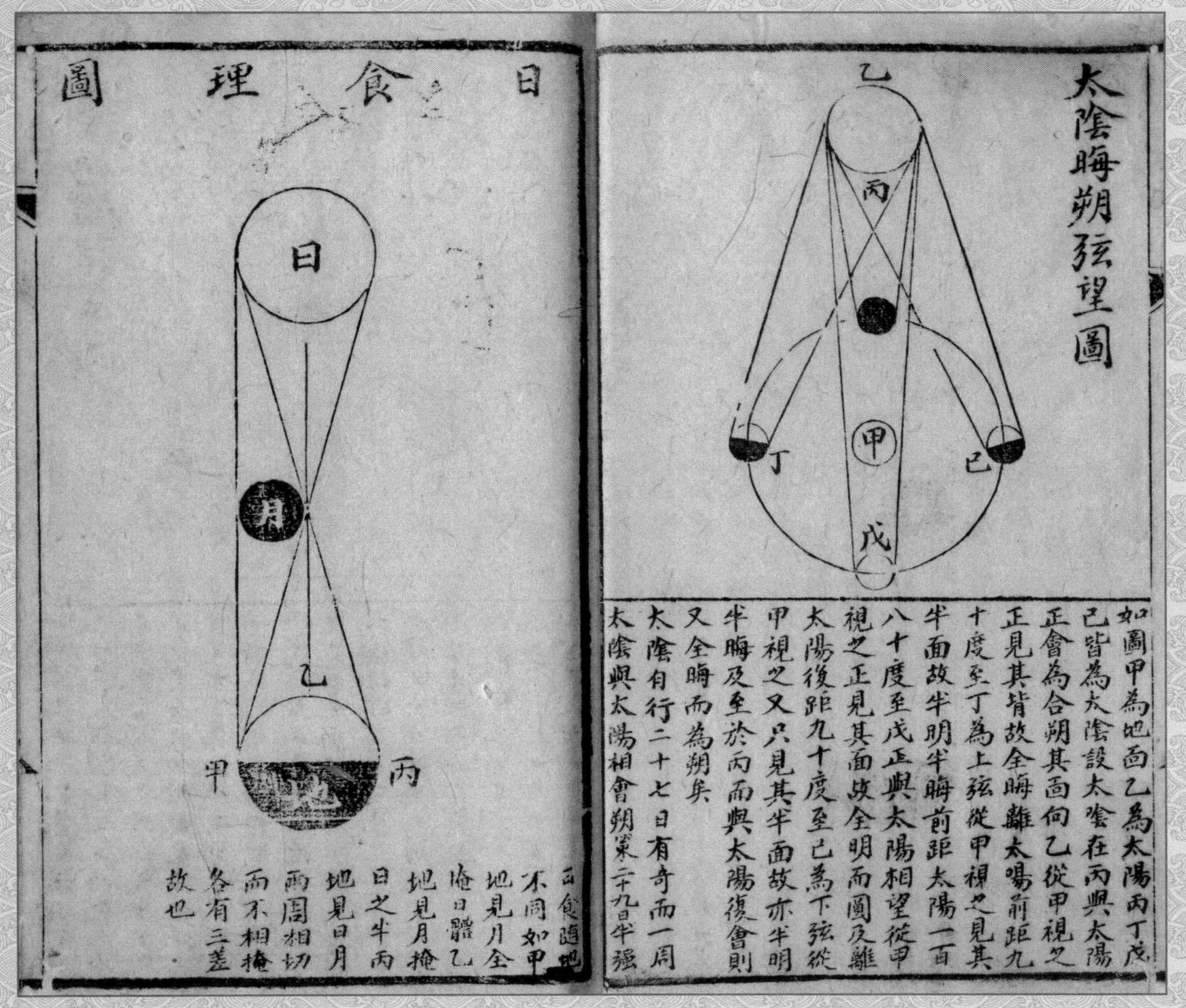

如圖甲為地面乙為太陽丙丁戊己皆為太陰設太陰在丙與太陽正會為合朔其面向乙從甲視之正見其背故全晦離太陽前距九十度至丁為上弦從甲視之見其半面故半明半晦前距太陽一百八十度至戊正與太陽相望從甲視之正見其面故全明而圓及離太陽後距九十度至己為下弦從甲視之又只見其半面故亦半明半晦及至於丙而與太陽復會則又全晦而為朔矣

太陰自行二十七日有奇而一周

太陰與太陽相會朔策二十九日半強

日食隨地不同如甲地見月全掩日體乙地見月掩日之半丙地見日月兩周相切而不相掩各有三差故也

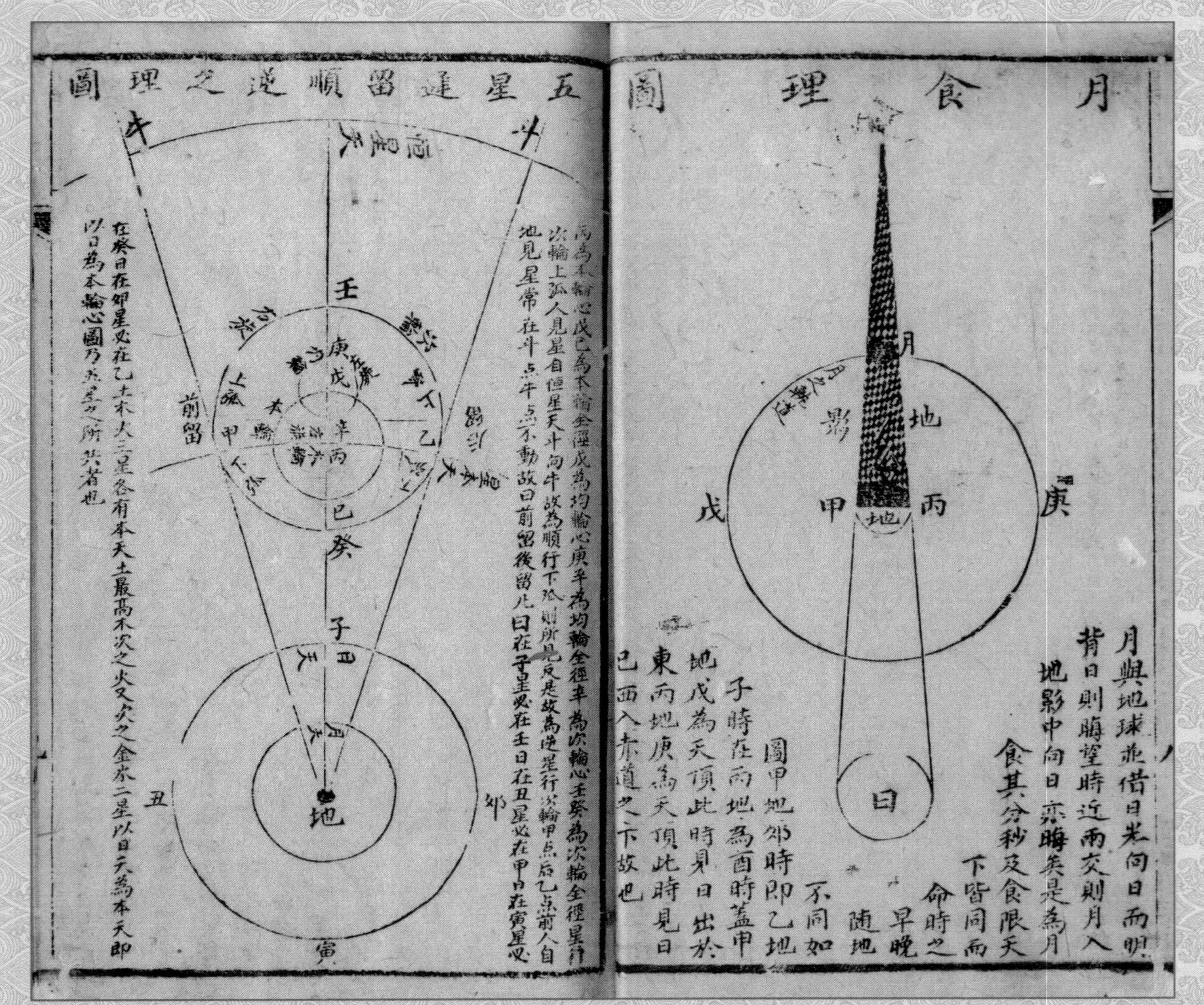

月食理圖

月與地球並借日光向日而明背日則晦望時近兩交則月入地影中向日亦晦矣是為月食其分秒及食限天下皆同而命時之早晚隨地不同如圖甲地卯時即乙地子時在丙地為酉時蓋甲地戌為天頂此時見日出於東丙地庚為天頂此時見日已西入赤道之下故也

五星遲留順逆之理圖

丙為本輪心戊己為本輪全徑戊為均輪心庚辛為均輪全徑辛為次輪心壬癸為次輪全徑星行次輪上弧人見星自恒星天斗向牛故為順行下弧則所見反是故為逆星行次輪甲点后乙点前人自地見星常在斗点牛点不動故曰前留後留凡日在子星必在壬日在丑星必在甲日在寅星必在癸日在卯星必在乙土木火三星各有本天土最高木次之火又次之金水二星以日天為本天即以日為本輪心圖乃五星之所共者也

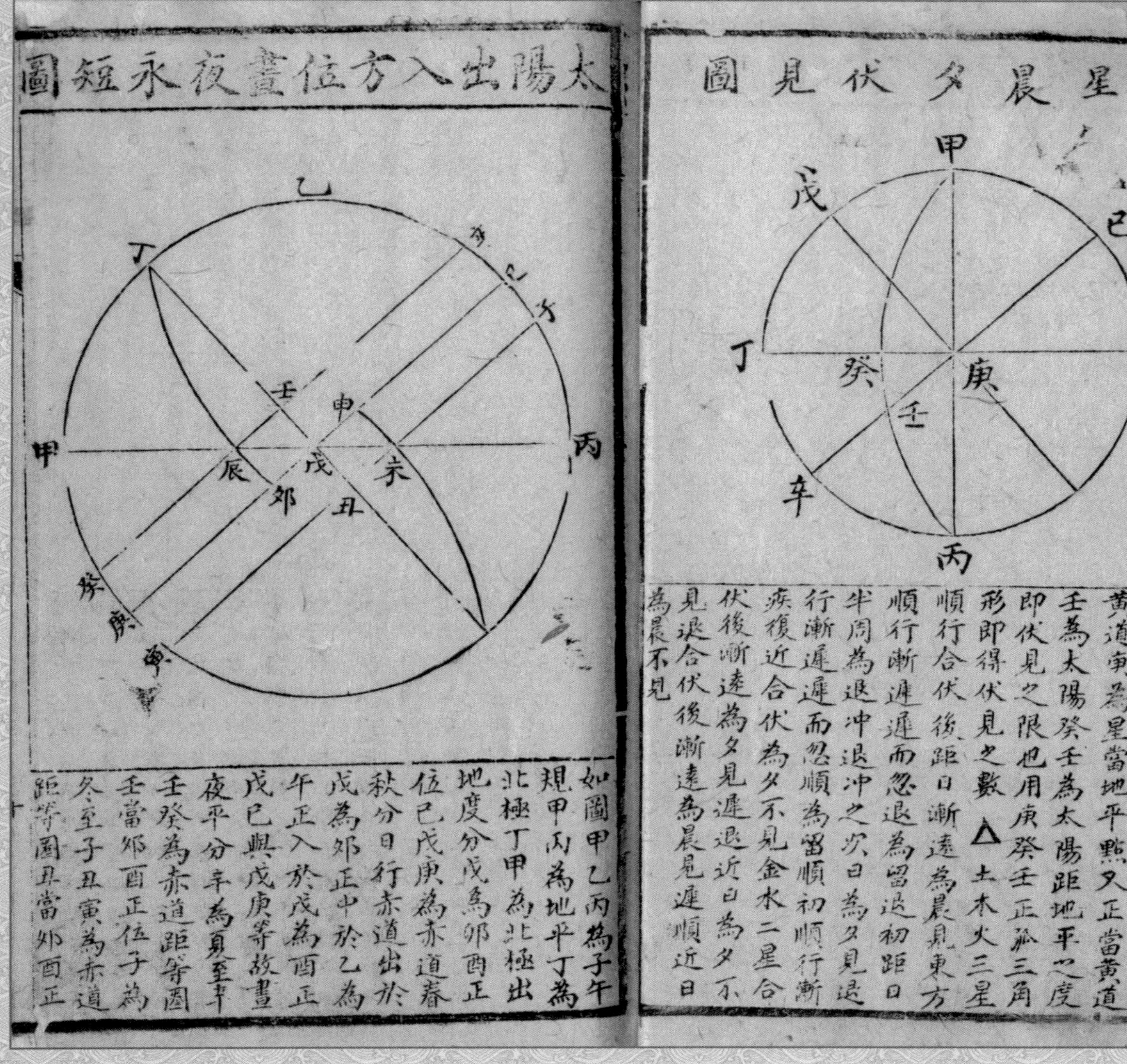

五星晨夕伏見圖

如圖甲乙丙丁為過極經圈甲為天頂乙丁為地平戊為黃極己庚辛為黃道寅為星當地平點又正當黃道壬為太陽癸壬為太陽距地平之度即伏見之限也用庚癸壬正弧三角形即得伏見之數△土木火三星順行合伏後距日漸遠為晨見東方順行漸遲遲而忽退為留退初距日半周為退沖退沖之次日為夕見退行漸遲遲而忽順為留順初順行漸疾復近合伏為夕不見金水二星合伏後漸遠為夕見遲退近日為夕不見退合伏後漸遠為晨見遲順近日為晨不見

太陽出入方位晝夜永短圖

如圖甲乙丙為子午規甲丙為地平丁為北極丁甲為北極出地度分戊為卯酉正位己戊庚為赤道春秋分日行赤道出於戊為卯正中於乙為午正入於戊為酉正戊己與戊庚等故晝夜平分辛為夏至午壬癸為赤道距等圈壬當卯酉正位子為冬至子丑寅為赤道距等圈丑當卯酉正

位夏至日出於辰點其方位在卯正北時刻在卯正前戌辰為偏卯正北之弧壬辰為距卯正之弧與赤道戌卯度等中於辛為午正入於辰在酉正後辰辛多於辰癸故晝永夜短冬至日出於未點其方位在卯正南時刻在卯正後戌未為偏卯正南之弧丑未為距卯正之弧與赤道戌卯度等中於子為午正入於未為酉正前未子少於未寅故晝短夜永

漢滿蒙回藏五大民族省會北極出地表

地經偏東偏西以北京為中線定之

	北極出地 度	分		地經偏東偏西 度	分
北京	三九	五五		〇〇	〇〇
山東	三六	四五	東	〇〇	四一
江蘇	三二	〇四		〇二	一八
安徽	三〇	三七		〇〇	三四
浙江	三〇	一七		〇三	三九
福建	二六	〇三		〇三	〇〇
山西	三七	五四	西	〇三	五六
河南	三四	五一		〇一	五五
江西	二八	三七		〇〇	三七
湖北	三〇	三三		〇二	一五
湖南	二八	一三		〇三	四〇
陝西	三四	一六		〇七	三二
甘肅	三六	〇八		一二	三四
廣東	二三	一十		〇三	三三
廣西	二五	一三		〇六	一三
雲南	二五	〇六		一三	三八
貴州	二六	三一		〇九	五二
四川	三〇	四二		一二	一六
盛京	四一	五二	東	〇七	一三
吉林	四三	四七		一〇	二七
黑龍江	四七	四六		一七	二九
內蒙古	四六	一七		〇四	三〇
外蒙古	四六	四〇	西	〇五	三〇
新疆	三八	一九		四〇	一〇
伊犁	四三	五六		三四	〇二
青海	三四	四〇		一五	一〇
前藏	三〇	三〇		二四	五〇
後藏	二九	四〇		一八	一〇

四川各縣北極出地表

敘本省各縣北極由近及遠以華陽為首但自民國建元改前州廳一律為縣有仍舊名亦有不仍舊名者而縣名亦或改之此表謹遵改定外有新增縣如潼南開江鹽邊昭覺古藺古宋等處以隣縣里度比例之可以得其大略俟暇親歷其地詳加實測乃增入表內以免有差。

求隨處北極出地法以三角平板刻象限九十度用兩耳以通日光設垂線以定度分測法候春秋分日午正以度板兩耳通日光視垂線所切某度分即其地之北極出地也又法不拘春秋分如在春分以後各節但用度板適測午正太陽高弧減去本日距緯記其餘度再以餘度減象限即得其地之北極出地也若秋分以後則以距度加測度為法與此相反

縣	北極出地 度	北極出地 分	地經偏西 度	地經偏西 分
華陽	三○	四二	一二	一六
成都	三○	四二	一二	一六
雙流	三○	三五	一二	二四
温江	三○	四四	一二	三一
新繁	三○	五四	一二	二○
金堂	三○	五四	一二	○四
新都	三○	五一	一二	一一
郫○	三○	四九	一二	三○
灌○	三○	五九	一二	四五
彭○	三○	五七	一二	二五
崇寧	三○	五四	一二	三一
簡陽	三○	二六	一一	五一
崇慶	三○	三九	一二	四二
新津	三○	二七	一二	三六
廣漢	三一	○○	一二	○五
什邡	三一	○五	一二	一二
資中	二九	五○	一一	三二
資陽	三○	一一	一一	四五
仁壽	二九	五八	一二	一一
井研	二九	三八	一二	一三
內江	二九	三九	一一	一九
綿陽	三一	二八	一一	三五
德陽	三一	○九	一一	五七
安○	三一	三五	一一	五六
綿竹	三一	一八	一二	○八
梓潼	三一	三八	一一	○八
羅江	三一	一七	一一	四八
[illegible]○	三一	三七	一二	三一

縣	北極出地 度	北極出地 分	地經偏西 度	地經偏西 分
汶川	三一	一九	一二	五二
西昌	二七	五四	一四	一二
冕寧	二八	三二	一四	一九
塩源	二七	二五	一四	五四
會理	二六	三四	一四	一○
閬中	三一	三○	一○	二九
蒼溪	三一	四○	一○	三二
南部	三一	一九	一○	二四
廣元	三二	一九	一○	三一
昭化	三二	一六	一○	三八
巴中	三一	五二	○九	四二
通江	三一	五八	○九	一○
南江	三二	二一	○九	三六
劍閣	三一	五九	一○	五○
南充	三○	五○	一○	一九
西充	三一	○一	一○	三○
蓬安	三一	○三	一○	○三
營山	三一	○七	○九	五三
儀隴	三一	二八	一○	○三
廣安	三○	三二	○九	五○
鄰水	三○	二六	○九	三六
岳池	三○	三七	一○	○二
宜寶	二八	三九	一一	四三
慶符	二八	二一	一一	五三
富順	二九	一十	一一	二三
長寧	二八	一○	一一	三六
高○	二八	一四	一一	五二
珙○	二八	一五	一一	四三

縣	北極出地 度	北極出地 分	地經偏西 度	地經偏西 分
鈞連	二八	○五	一三	○四
興文	二八	○九	一一	二五
隆昌	二九	二七	一一	○七
屏山	二八	三○	一二	一○
南溪	二八	四六	一一	二四
巴○	二九	四二	○九	四八
江津	二九	一五	一○	○一
長壽	二九	五八	○九	一一
永川	二九	三○	一○	二七
榮昌	二九	三二	一○	四八
綦江	二八	五八	○九	三八
南川	二九	○七	○九	一四
合川	三○	○九	一○	○五
涪陵	二九	五○	○八	五九
銅梁	二九	五八	一○	一九
大足	二九	五一	一○	三七
壁山	二九	四六	一○	一○
武勝	三○	二六	一○	○六
江北	二九	四六	○九	四八
酉陽	二八	五一	○七	三八
秀山	二八	二五	○七	二八
黔江	二九	三二	○七	三四
彭水	二九	二二	○八	一三
忠○	三○	二七	○八	三○
酆都	三○	○四	○八	三八
墊江	三○	二八	○九	○五
梁山	三○	四九	○八	三五
奉節	三一	一二	○六	五三

縣	北極出地 度	分	地經偏西 度	分
巫山	三一	一○	○六	三六
雲陽	三一	○七	○七	二一
萬○	二一	○八	○七	五七
開○	二一	一九	○七	五七
巫溪	三一	三二	○六	五七
達○	三一	一八	○八	五一
宣漢	三一	二七	○八	三七
新寧	三一	一一	○八	三一
渠○	三一	○五	○九	三五
大竹	三○	四九	○九	二○
萬源	三二	○七	○八	一七
城口	三二	一二	○七	五二
平武	三二	二二	一一	四九
江油	三一	四八	一一	三五
北川	三一	五○	一二	○二
彰明	三一	三七	一一	三七
三台	三一	○六	一二	一六
射洪	三一	○○	一一	○五
鹽亭	三一	一四	一一	○一
中江	三一	○三	一一	四二
遂寧	三○	三三	一○	四九
蓬溪	三○	四八	一○	四二
樂至	三○	一九	一一	二三
安岳	三○	○八	一一	○六
眉山	三○	○六	一二	三一
丹稜	三○	○五	一二	五○
彭山	三○	一三	一二	二九
青神	二九	四八	一二	二五

縣	北極出地 度	分	地經偏西 度	分
樂山	二九	二七	一二	三一
峩眉	二九	三一	一二	四五
洪雅	二九	五四	一二	五三
夾江	二九	三九	一二	四三
犍為	二九	○七	一二	一四
榮○	二九	三二	一一	五七
威遠	二九	三七	一一	四三
峩邊	二九	一五	一三	○○
邛崍	三○	二九	一二	五三
大邑	三○	三八	一二	五一
蒲江	三○	一五	一二	四九
瀘○	二八	五五	一○	五七
納溪	二八	四六	一一	○一
合江	二八	四八	一○	三一
江安	二八	三九	一一	二○
雅安	三○	○五	一三	二一
天全	三○	一○	一三	五○
名山	三○	一一	一三	一四
榮經	二九	五一	一三	三三
蘆山	三○	一二	一三	二五
漢源	二九	三二	一三	五五
敘永	二七	五六	一一	一三
永寧	二七	五三	一一	○八
松潘	三二	四六	一二	五一
越雋	二八	三○	一三	五七
雜谷	三一	四○	一三	一三
雷波	二八	一六	一三	二二
馬邊	二八	五九	一二	五一

縣	北極出地 度	分	地經偏西 度	分
石柱	三○	一○	○八	一五
懋功	三○	四九	一三	二八
打箭爐	三○	○七	一四	三五

北極為天樞紐居其所而不移其出地有高下者因人所居之地有南北之不同也是故寒暑之進退晝夜之永短諸天星辰之到方位因之而各異焉其地經偏東西度分則用以辨節氣及月食時刻之早晚每偏一度得時四分偏東者加偏西者減要以北京中線所定之時刻加減之即得所在地平之定真時刻也

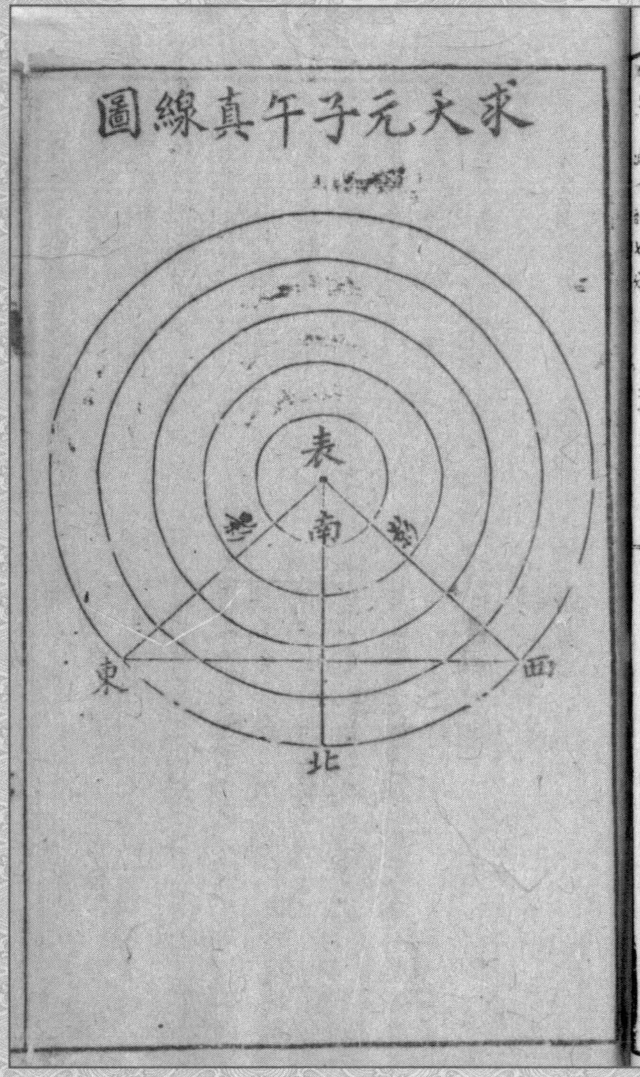

各省節氣加減北京中線節氣刻分表

浙江省節氣各加一刻
江蘇省節氣各加九分
安徽省節氣各加二分
河南省節氣各減八分
廣東省節氣各減十四分
山西省節氣各減一刻一分
陝西省節氣各減二刻
四川省節氣各減三刻四分
甘肅省節氣各減三刻五分
盛京節氣各加二刻十四分
吉林節氣各加二刻十二分
黑龍江節氣各加一刻五分
內蒙古加一刻三分　外蒙古減一刻七分

福建省節氣各加十二分
山東省節氣各加三分
江西省節氣各減二分
湖北省節氣各減九分
湖南省節氣各減一刻
廣西省節氣各減一刻十分
貴州省節氣各減二刻九分
雲南省節氣各減三刻九分
伊犁減九刻一分
新疆減十刻十一分
青海減四刻
前藏減六刻九分　後藏減四刻十三分

北極既定則各處天頂不同其南北真線不可毫釐差錯用羅經指南針本有偏向且所偏又隨處不同法當測晷定向用方案令極平作圓數層植表於心以取日影凡表端影切圈上逐一作識視午前午後兩點同在一圈上者作直線聯之即東西線與此線十字交作南北線南北線與羅經子午線必參直視所指刻線作識用盤時令針端與識相對則子午得真向而羅針所偏正矣蓋指南之性直指大浪山此山在南極下於四川為偏西試如法測之未有不見偏西者乃信古人正方辨向之必用土圭也

黃赤道同升表

冬至丑 黃道度	黃道宮	赤道秒	赤道分	赤道度	赤道宮	大寒子 黃道度	黃道宮	赤道秒	赤道分	赤道度	赤道宮
〇〇	〇	〇〇	〇〇	〇〇	〇	〇〇	一	〤二	〡〇	〇二	一
〇一	〇	〡〨	〇〥	〇一	〇	〇一	一	〇〥	〡三	〇三	一
〇二	〇	〤〦	〡〇	〇二	〇	〇二	一	〡〧	〡〥	〇〤	一
〇三	〇	〇〨	〡〦	〇三	〇	〇三	一	〡〩	〡〧	〇〥	一
〇四	〇	〢〩	〢一	〇〤	〇	〇四	一	〡〇	〡〩	〇〦	一
〇五	〇	〤〧	〢〦	〇〥	〇	〇五	一	〥〇	〢〇	〇〧	一
〇六	〇	〇〤	〣二	〇〦	〇	〇六	一	〢〇	〢二	〇〨	一
〇七	〇	〡〨	〣〧	〇〧	〇	〇七	一	〢〩	〢三	〇〩	一
〇八	〇	〢〩	〤二	〇〨	〇	〇八	一	〤〧	〢〤	〡〇	一
〇九	〇	〣〦	〤〧	〇〩	〇	〇九	一	〤〥	〢〥	〡一	一
〡〇	〇	〣〩	〥二	〡〇	〇	〡〇	一	〣一	〢〦	〡二	一
〡一	〇	〣〩	〥〧	〡一	〇	〡一	一	〇〧	〢〧	〡三	一
〡二	〇	〣三	〇二	〡三	〇	〡二	一	〣一	〢〧	〡〤	一
〡三	〇	〢二	〇〧	〡〤	〇	〡三	一	〤〥	〢〧	〡〥	一
〡〤	〇	〇〦	〡二	〡〥	〇	〡〤	一	〤〧	〢〧	〡〦	一
〡〥	〇	〤二	〡〦	〡〦	〇	〡〥	一	〤〇	〢〧	〡〧	一
〡〦	〇	〡〥	〢一	〡〧	〇	〡〦	一	〢一	〢〧	〡〨	一
〡〧	〇	〤〇	〢〥	〡〨	〇	〡〧	一	〥二	〢〧	〡〩	一
〡〨	〇	〥〧	〢〩	〡〩	〇	〡〨	一	〡二	〢〦	〢〇	一
〡〩	〇	〇〨	〣〤	〢〇	〇	〡〩	一	〢二	〢〥	〢一	一
〢〇	〇	〡一	〣〨	〢一	〇	〢〇	一	〢一	〢〤	〢二	一
〢一	〇	〇〦	〤二	〢二	〇	〢一	一	〡一	〢三	〢三	一
〢二	〇	〤三	〤〤	〢三	〇	〢二	一	〤〩	〢一	〢〤	一
〢三	〇	〣一	〤〩	〢〤	〇	〢三	一	〥三	〡〩	〢〥	一
〢〤	〇	〇一	〥三	〢〥	〇	〢〤	一	〣〦	〡〨	〢〦	一
〢〥	〇	〢二	〥〦	〢〦	〇	〢〥	一	〤〧	〡〦	〢〧	一
〢〦	〇	〣三	〥〩	〢〧	〇	〢〦	一	〤〥	〡〤	〢〨	一
〢〧	〇	〣〥	〇二	〢〩	〇	〢〧	一	〣〦	〡二	〢〩	一
〢〨	〇	〢〧	〇〥	〇〇	一	〢〨	一	〡〧	〡〇	〇〇	二
〢〩	〇	〡〇	〇〧	〇一	一	〢〩	一	〤〩	〇〧	〇一	二

雨水 亥

黃道宮	黃道度	赤道宮	赤道度	赤道分	赤道秒
二	〇〇	二	〇二	〇〥	〡二
二	〇一	二	〇三	〇二	〢〧
二	〇二	二	〇三	〥〩	〣〤
二	〇三	二	〇〤	〥〦	〣二
二	〇四	二	〇〥	〥三	〢三
二	〇五	二	〇〦	〥〇	〇〦
二	〇六	二	〇〧	〤〦	〤二
二	〇七	二	〇〨	〤三	〡〇
二	〇八	二	〇〩	〣〩	〣二
二	〇九	二	〡〇	〣〥	〤〧
二	〡〇	二	〡一	〣一	〥〦
二	〡一	二	〡二	〢〧	〥〧
二	〡二	二	〡三	〢三	〥〨
二	〡三	二	〡〤	〡〩	〤〦
二	〡〤	二	〡〥	〡〥	〣二
二	〡〥	二	〡〦	〡一	〡三
二	〡〦	二	〡〧	〇〦	〤〩
二	〡〧	二	〡〨	〇二	〢二
二	〡〨	二	〡〨	〥〧	〤〩
二	〡〩	二	〡〩	〥三	〡三
二	〢〇	二	〢〇	〤〧	〣〤
二	〢一	二	〢一	〤三	〥二
二	〢二	二	〢二	〢〩	〇〧
二	〢三	二	〢三	〣〤	〡〩
二	〢〤	二	〢〤	〢〩	〢〩
二	〢〥	二	〢〥	〢〤	〢〧
二	〢〦	二	〢〦	〡〩	〤三
二	〢〧	一	〢〧	〡〤	〤〩
二	〢〨	二	〢〨	〇〩	〥三
二	〢〩	二	〢〩	〇〤	〥〧

春分 戌

黃道宮	黃道度	赤道宮	赤道度	赤道分	赤道秒
三	〇〇	二	〇〇	〇〇	〇〇
三	〇一	三	〇〇	〥〥	〇三
三	〇二	三	〇一	〥〇	〇〧
三	〇三	三	〇二	〤〥	〡一
三	〇四	三	〇三	〤〇	〡〧
三	〇五	三	〇〤	〣〥	〢三
三	〇六	三	〇〥	〣〇	〢一
三	〇七	三	〇〦	〢〥	〤一
三	〇八	三	〇〧	〢〇	〥三
三	〇九	三	〇〨	〡〦	〇〧
三	〡〇	三	〇〩	〡一	〢〦
三	〡一	三	〡〇	〇〦	〤〧
三	〡二	三	〡一	〇二	〡一
三	〡三	三	〡一	〥〧	〢〧
三	〡〤	三	〡二	〥三	〡一
三	〡〥	三	〡三	〤〧	〤〧
三	〡〦	三	〡〤	〤〤	〢〧
三	〡〧	三	〡〥	〤〇	〡〤
三	〡〨	三	〡〦	〣〦	〇〥
三	〡〩	三	〡〧	〣二	〇二
三	〢〇	三	〡〨	〢〨	〇〤
三	〢一	三	〡〩	〢〤	〡三
三	〢二	三	〢〇	〢〇	〢〨
三	〢三	三	〢一	〡〦	〥〇
三	〢〤	三	〢二	〡三	〡〧
三	〢〥	三	〢三	〇〩	〥〤
三	〢〦	三	〢〤	〇〦	〢〨
三	〢〧	二	〢〥	〇三	〢〧
三	〢〨	三	〢〦	〇〇	〢〦
三	〢〩	三	〢〦	〥〧	〢二

穀雨 酉

黃道宮	黃道度	赤道宮	赤道度	赤道分	赤道秒
四	〇〇	三	〢〧	〥〤	〤〧
四	〇一	三	〢〨	〥二	〡一
四	〇二	三	〢〩	〤〩	〤三
四	〇三	四	〇〇	〤〧	〢〤
四	〇四	四	〇一	〤〥	〡〥
四	〇五	四	〇二	〤三	〡二
四	〇六	四	〇三	〤一	〢〤
四	〇七	四	〇〤	〤〇	〇〧
四	〇八	四	〇〥	〣〨	〡一
四	〇九	四	〇〦	〣〦	〤〩
四	〡〇	四	〇〧	〣〥	〢〩
四	〡一	四	〇〨	〣〤	〢〨
四	〡二	四	〇〩	〣三	〤〧
四	〡三	四	〡〇	〣二	〇〨
四	〡〤	四	〡一	〣二	〢〩
四	〡〥	四	〡二	〣二	〢〇
四	〡〦	四	〡三	〣二	〡二
四	〡〧	四	〡〤	〣二	〡〥
四	〡〨	四	〡〥	〣二	〢〩
四	〡〩	四	〡〦	〣二	〥三
四	〢〇	四	〡〧	〣三	〢〩
四	〢一	四	〡〨	〣〤	〡〥
四	〢二	四	〡〩	〣〥	〡三
四	〢三	四	〢〇	〣〦	〢一
四	〢〤	四	〢一	〣〧	〤〇
四	〢〥	四	〢二	〣〤	〡〇
四	〢〦	四	〢三	〤〇	〥〇
四	〢〧	四	〢〤	〤二	〤一
四	〢〨	四	〢〥	〤〤	〤三
四	〢〩	四	〢〦	〤〦	〥〥

小滿 申

黃道宮	黃道度	赤道宮	赤道度	赤道分	赤道秒
五	〇〇	四	〢〧	〤〩	〡〨
五	〇一	四	〢〨	〥一	〥〇
五	〇二	四	〢〩	〥〤	〣二
五	〇三	五	〇〇	〥〧	〢〥
五	〇四	五	〇二	〇〇	〢〧
五	〇五	五	〇三	〇三	〣〨
五	〇六	五	〇〤	〇〦	〥〩
五	〇七	五	〇〥	〡〇	〢〩
五	〇八	五	〇〦	〡〥	〡〧
五	〇九	五	〇〧	〡〧	〥〤
五	〡〇	五	〇〨	〢一	〤〩
五	〡一	五	〇〩	〢〥	〥二
五	〡二	五	〡〇	〣〇	〇三
五	〡三	五	〡一	〣〤	〢〇
五	〡〤	五	〡二	〣〧	〤〥
五	〡〥	五	〡三	〤三	〡〧
五	〡〦	五	〡〤	〤〧	〥〤
五	〡〧	五	〡〥	〥二	〣〨
五	〡〨	五	〡〦	〥〧	〢〧
五	〡〩	五	〡〧	〇二	〢一
五	〢〇	五	〡〩	〇〧	〢一
五	〢一	五	〢〇	〡二	〢〤
五	〢二	五	〢一	〡〧	〣一
五	〢三	五	〢二	〢二	〤二
五	〢〤	五	〢三	〢〧	〥〦
五	〢〥	五	〢〤	〣三	〡三
五	〢〦	五	〢〥	〣〨	〣一
五	〢〧	五	〢〦	〤三	〥二
五	〢〨	五	〢〧	〤〩	〡〤
五	〢〩	五	〢〨	〥〤	〣二

夏至 未 黃道宮	黃道度	赤道宮	赤道度	赤道分	赤道秒	大暑 午 黃道宮	黃道度	赤道宮	赤道度	赤道分	赤道秒
六	〇〇	六	〇〇	〇〇	〇〇	七	〇〇	七	〇二	〡〇	〤二
六	〇一	六	〇一	〇〥	〢〨	七	〇一	七	〇三	〡三	〇〥
六	〇二	六	〇二	〡〇	〤〦	七	〇二	七	〇〤	〡〥	〡〧
六	〇三	六	〇三	〡〦	〇〨	七	〇三	七	〇〥	〡〧	〡〩
六	〇四	六	〇〤	〢一	〢〩	七	〇四	七	〇〦	〡〩	〡〇
六	〇五	六	〇〥	〢〦	〤〧	七	〇五	七	〇〧	〢〇	〥〇
六	〇六	六	〇〦	〣二	〇〤	七	〇六	七	〇〨	〢二	〢〇
六	〇七	六	〇〧	〣〧	〡三	七	〇七	七	〇〩	〢三	〢〩
六	〇八	六	〇〨	〤二	〢〩	七	〇八	七	〡〇	〢〤	〤〧
六	〇九	六	〇〩	〤〧	〣〦	七	〇九	七	〡一	〢〥	〤〥
六	〡〇	六	〡〇	〥二	〣〩	七	〡〇	七	〡二	〢〦	〢一
六	〡一	六	〡一	〥〧	〣〩	七	〡一	七	〡三	〢〧	〇〧
六	〡二	六	〡三	〇二	〣三	七	〡二	七	〡〤	〢〧	〢一
六	〡三	六	〡〤	〇〧	〢二	七	〡三	七	〡〥	〢〧	〤〥
六	〡〤	六	〡〥	〡二	〇〦	七	〡〤	七	〡〦	〢〧	〤〨
六	〡〥	六	〡〦	〡〦	〤三	七	〡〥	七	〡〧	〢〧	〤〇
六	〡〦	六	〡〧	〢一	〡〥	七	〡〦	七	〡〨	〢〧	〢一
六	〡〧	六	〡〨	〢〥	〤〇	七	〡〧	七	〡〩	〢〧	〥二
六	〡〨	六	〡〩	〢〩	〥〧	七	〡〨	七	〢〇	〢〦	〡二
六	〡〩	六	〢〇	〣〤	〇〨	七	〡〩	七	〢一	〢〥	〢二
六	〢〇	六	〢一	〣〨	〡一	七	〢〇	七	〢二	〢〤	〢一
六	〢一	六	〢二	〤二	〇〦	七	〢一	七	〢三	〢三	〡一
六	〢二	六	〢三	〤〤	〤三	七	〢二	七	〢〤	〢一	〤〩
六	〢三	六	〢〤	〤〩	〢一	七	〢三	七	〢〥	〡〩	〥三
六	〢〤	六	〢〥	〥三	〇一	七	〢〤	七	〢〦	〡〨	〢〦
六	〢〥	六	〢〦	〥〦	〢二	七	〢〥	七	〢〧	〡〦	〤〧
六	〢〦	六	〢〧	〥〩	〣三	七	〢〦	七	〢〨	〡〤	〤〥
六	〢〧	六	〢〩	〇二	〣〥	七	〢〧	七	〢〩	〡二	〢〧
六	〢〨	七	〇〇	〇〥	〢〧	七	〢〨	八	〇〇	〡〇	〡〧
六	〢〩	七	〇一	〇〧	〡〇	七	〢〩	八	〇一	〇〧	〤〩

處暑 巳 黃道宮	黃道度	赤道宮	赤道度	赤道分	赤道秒	秋分 辰 黃道宮	黃道度	赤道宮	赤道度	赤道分	赤道秒
八	〇〇	八	〇二	〇〥	〇二	九	〇〇	九	〇〇	〇〇	〇〇
八	〇一	八	〇三	〇二	〢〨	九	〇一	九	〇〇	〥〥	〇三
八	〇二	八	〇三	〥〩	〣〤	九	〇二	九	〇一	〥〇	〇〧
八	〇三	八	〇〤	〥〦	〢三	九	〇三	九	〇二	〤〥	〡一
八	〇四	八	〇〥	〥三	〢三	九	〇四	九	〇三	〤〇	〡〧
八	〇五	八	〇〦	〥〇	〇〦	九	〇五	九	〇〤	〣〥	〢三
八	〇六	八	〇〧	〤〦	〤二	九	〇六	九	〇〥	〣〇	〣一
八	〇七	八	〇〨	〤三	〡〇	九	〇七	九	〇〦	〢〥	〤一
八	〇八	八	〇〩	〣〩	〢二	九	〇八	九	〇〧	〢〇	〥三
八	〇九	八	〡〇	〣〥	〤〧	九	〇九	九	〇〨	〡〦	〇〨
八	〡〇	八	〡一	〣一	〥〦	九	〡〇	九	〇〩	〡一	〢〦
八	〡一	八	〡二	〢〧	〥〧	九	〡一	九	〡〇	〇〦	〤〧
八	〡二	八	〡三	〢二	〥〥	九	〡二	九	〡一	〇二	〡一
八	〡三	八	〡〤	〡〩	〤〦	九	〡三	九	〡一	〥〧	〣〧
八	〡〤	八	〡〥	〡〥	〢〦	九	〡〤	九	〡二	〥〨	〡一
八	〡〥	八	〡〦	〡一	〡三	九	〡〥	九	〡三	〤〨	〤〧
八	〡〦	八	〡〧	〇〦	〤〩	九	〡〦	九	〡〤	〤〤	〢〧
八	〡〧	八	〡〨	〇二	〢二	九	〡〧	九	〡〥	〤〇	〡〤
八	〡〨	八	〡〨	〥〧	〤〩	九	〡〨	九	〡〦	〣〦	〇〥
八	〡〩	八	〡〩	〥三	〡三	九	〡〩	九	〡〧	〣二	〇二
八	〢〇	八	〢〇	〤〨	〢〤	九	〢〇	九	〡〨	〢〨	〇〤
八	〢一	八	〢一	〤三	〥二	九	〢一	九	〡〩	〢〤	〡三
八	〢二	八	〢二	〣〩	〇〧	九	〢二	九	〢〇	〢〇	〢〨
八	〢三	八	〢三	〣〤	〡〩	九	〢三	九	〢一	〡〦	〥〇
八	〢〤	八	〢〤	〢〩	〡〩	九	〢〤	九	〢二	〡三	〡〨
八	〢〥	八	〢〥	〢〤	〢〧	九	〢〥	九	〢三	〇〩	〥〤
八	〢〦	八	〢〦	〡〩	〤三	九	〢〦	九	〢〤	〇〦	〣〧
八	〢〧	八	〢〧	〡〤	〤〩	九	〢〧	九	〢〥	〇三	〢〧
八	〢〨	八	〢〨	〇〩	〥三	九	〢〨	九	〢〦	〇〇	〢〦
八	〢〩	八	〢〩	〇〤	〥〧	九	〢〩	[illegible]	〢〦	〥〧	〣二

黃赤道距緯表

日	春分 秋分	清明 寒露	穀雨 霜降	立夏 立冬	小滿 小雪	芒種 大雪	
	度分秒	度分秒	度分秒	度分秒	度分秒	度分秒	
初一	〇〇〇〇〇〇	[illegible]	[illegible]	[illegible]	[illegible]	[illegible]	[illegible]
二	[illegible]	[illegible]	[illegible]	[illegible]	[illegible]	[illegible]	[illegible]
三	[illegible]	[illegible]	[illegible]	[illegible]	[illegible]	[illegible]	三
四	[illegible]	[illegible]	[illegible]	[illegible]	[illegible]	[illegible]	二
五	[illegible]	[illegible]	[illegible]	[illegible]	[illegible]	[illegible]	一
六	[illegible]	[illegible]	[illegible]	[illegible]	[illegible]	[illegible]	〡〇
七	[illegible]	[illegible]	[illegible]	[illegible]	[illegible]	[illegible]	九
八	[illegible]	[illegible]	[illegible]	[illegible]	[illegible]	[illegible]	八
九	[illegible]	[illegible]	[illegible]	[illegible]	[illegible]	[illegible]	七
〡〇	[illegible]	[illegible]	[illegible]	[illegible]	[illegible]	[illegible]	六
〡一	[illegible]	[illegible]	[illegible]	[illegible]	[illegible]	[illegible]	五
〡二	[illegible]	[illegible]	[illegible]	[illegible]	[illegible]	[illegible]	四
〡三	[illegible]	[illegible]	[illegible]	[illegible]	[illegible]	[illegible]	三
〡〤	[illegible]	[illegible]	[illegible]	[illegible]	[illegible]	[illegible]	二
〡〥	[illegible]	[illegible]	[illegible]	[illegible]	[illegible]	[illegible]	一
順	白露 驚蟄	處暑 雨水	立秋 立春	大暑 大寒	小暑 小寒	夏至	日

黃道斜交赤道而出其內外其相距最遠之度即大距也實測古大今小據儀象考成續篇一年差一秒之例令民國十三年甲子應得大距〢〣度[illegible]分[illegible]秒茲本其數演為同升大距兩表凡求太陽出入節氣時刻及天星立命到方諸數庶乎便檢而不致誤用舊表云

霜降 卯 黃道 宮	黃道 度	赤道 秒	赤道 分	赤道 度	赤道 宮	小雪 寅 黃道 宮	黃道 度	赤道 秒	赤道 分	赤道 度	赤道 宮
一〇	〇〇	[illegible]	[illegible]	[illegible]	九	〡一	〇〇	[illegible]	[illegible]	[illegible]	一〇
一〇	〇一	[illegible]	[illegible]	[illegible]	九	〡一	〇一	[illegible]	[illegible]	[illegible]	一〇
一〇	〇二	[illegible]	[illegible]	[illegible]	九	〡一	〇二	[illegible]	[illegible]	[illegible]	一〇
一〇	〇三	[illegible]	[illegible]	〇〇	一〇	〡一	〇三	[illegible]	[illegible]	〇〇	〡一
一〇	〇四	[illegible]	[illegible]	[illegible]	一〇	〡一	〇四	[illegible]	[illegible]	[illegible]	〡一
一〇	〇五	[illegible]	[illegible]	[illegible]	一〇	〡一	〇五	[illegible]	[illegible]	[illegible]	〡一
一〇	〇六	[illegible]	[illegible]	[illegible]	一〇	〡一	〇六	[illegible]	[illegible]	[illegible]	〡一
一〇	〇七	[illegible]	[illegible]	[illegible]	一〇	〡一	〇七	[illegible]	[illegible]	[illegible]	〡一
一〇	〇八	[illegible]	[illegible]	[illegible]	一〇	〡一	〇八	[illegible]	[illegible]	[illegible]	〡一
一〇	〇九	[illegible]	[illegible]	[illegible]	一〇	〡一	〇九	[illegible]	[illegible]	[illegible]	〡一
一〇	〡〇	[illegible]	[illegible]	[illegible]	一〇	〡一	〡〇	[illegible]	[illegible]	[illegible]	〡一
一〇	〡一	[illegible]	[illegible]	[illegible]	一〇	〡一	〡一	[illegible]	[illegible]	[illegible]	〡一
一〇	〡二	[illegible]	[illegible]	[illegible]	一〇	〡一	〡二	[illegible]	[illegible]	[illegible]	〡一
一〇	〡三	[illegible]	[illegible]	[illegible]	一〇	〡一	〡三	[illegible]	[illegible]	[illegible]	〡一
一〇	〡〤	[illegible]	[illegible]	[illegible]	一〇	〡一	〡〤	[illegible]	[illegible]	[illegible]	〡一
一〇	〡〥	[illegible]	[illegible]	[illegible]	一〇	〡一	〡〥	[illegible]	[illegible]	[illegible]	〡一
一〇	〡〦	[illegible]	[illegible]	[illegible]	一〇	〡一	〡〦	[illegible]	[illegible]	[illegible]	〡一
一〇	〡〧	[illegible]	[illegible]	[illegible]	一〇	〡一	〡〧	[illegible]	[illegible]	[illegible]	〡一
一〇	〡〨	[illegible]	[illegible]	[illegible]	一〇	〡一	〡〨	[illegible]	[illegible]	[illegible]	〡一
一〇	〡〩	[illegible]	[illegible]	[illegible]	一〇	〡一	〡〩	[illegible]	[illegible]	[illegible]	〡一
一〇	〢〇	[illegible]	[illegible]	[illegible]	一〇	〡一	〢〇	[illegible]	[illegible]	[illegible]	〡一
一〇	〢一	[illegible]	[illegible]	[illegible]	一〇	〡一	〢一	[illegible]	[illegible]	[illegible]	〡一
一〇	〢二	[illegible]	[illegible]	[illegible]	一〇	〡一	〢二	[illegible]	[illegible]	[illegible]	〡一
一〇	〢三	[illegible]	[illegible]	[illegible]	一〇	〡一	〢三	[illegible]	[illegible]	[illegible]	〡一
一〇	〢〤	[illegible]	[illegible]	[illegible]	一〇	〡一	〢〤	[illegible]	[illegible]	[illegible]	〡一
一〇	〢〥	[illegible]	[illegible]	[illegible]	一〇	〡一	〢〥	[illegible]	[illegible]	[illegible]	〡一
一〇	〢〦	[illegible]	[illegible]	[illegible]	一〇	〡一	〢〦	[illegible]	[illegible]	[illegible]	〡一
一〇	〢〧	[illegible]	[illegible]	[illegible]	一〇	〡一	〢〧	[illegible]	[illegible]	[illegible]	〡一
一〇	〢〨	[illegible]	[illegible]	[illegible]	一〇	〡一	〢〨	[illegible]	[illegible]	[illegible]	〡一
一〇	〢〩	[illegible]	[illegible]	[illegible]	一〇	〡一	〢〩	[illegible]	[illegible]	[illegible]	〡一

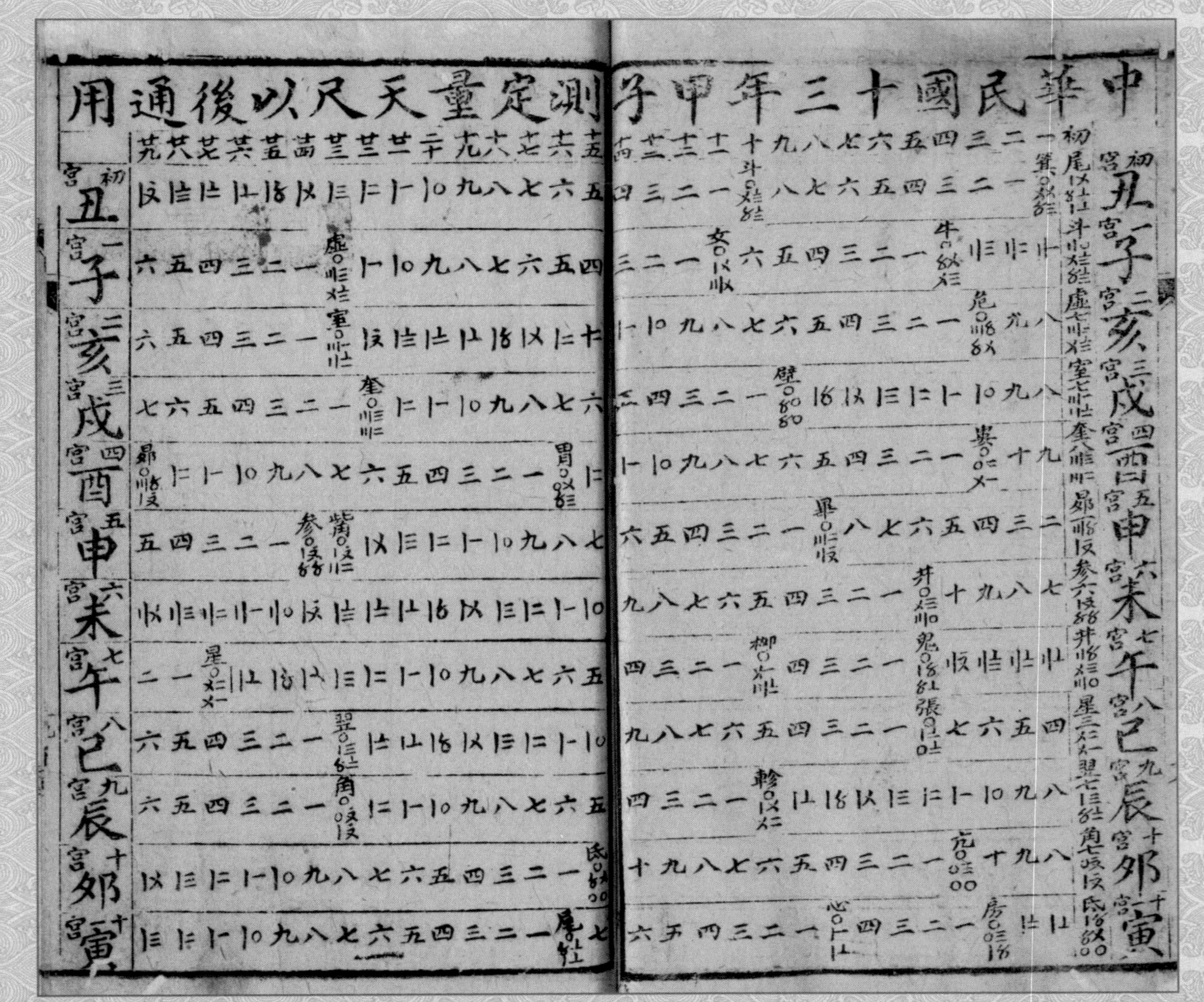

中華民國十三年甲子測定量天尺以後通用

宮	初	一	二	三	四	五	六	七	八	九	十	十一	十二	十三	十四
初宮丑	尾○[illegible]	箕○[illegible]	一	二	三	四	五	六	七	八	斗○[illegible]	一	二	三	四
一宮子	斗○[illegible]	〡一	〡〢	〡〣	牛○[illegible]	一	二	三	四	五	六	女○[illegible]	一	二	三
二宮亥	虛○[illegible]	八	九	危○[illegible]	一	二	三	四	五	六	七	八	九	〡〇	〡一
三宮戌	室○[illegible]	八	九	〡〇	〡一	〡〢	〡〣	〡〤	〡〥	壁○[illegible]	一	二	三	四	五
四宮酉	奎○[illegible]	九	十	婁○[illegible]	一	二	三	四	五	六	七	八	九	〡〇	〡一
五宮申	昴○[illegible]	二	三	四	五	六	七	八	畢○[illegible]	一	二	三	四	五	六
六宮未	參○[illegible]	七	八	九	十	井○[illegible]	一	二	三	四	五	六	七	八	九
七宮午	井○[illegible]	〡〦	〡〧	〡〨	〡〩	鬼○[illegible]	一	二	三	四	柳○[illegible]	一	二	三	四
八宮巳	星○[illegible]	四	五	六	七	張○[illegible]	一	二	三	四	五	六	七	八	九
九宮辰	翼○[illegible]	八	九	〡〇	〡一	〡〢	〡〣	〡〤	〡〥	〡〦	軫○[illegible]	一	二	三	四
十宮卯	角○[illegible]	八	九	十	亢○[illegible]	一	二	三	四	五	六	七	八	九	十
十一宮寅	氐○[illegible]	〡〦	〡〧	房○[illegible]	一	二	三	四	心○[illegible]	一	二	三	四	五	六

宮	十五	十六	十七	十八	十九	廿	廿一	廿二	廿三	廿四	廿五	廿六	廿七	廿八	廿九
初宮丑	五	六	七	八	九	〡〇	〡一	〡〢	〡〣	〡〤	〡〥	〡〦	〡〧	〡〨	〡〩
一宮子	四	五	六	七	八	九	〡〇	〡一	虛○[illegible]	一	二	三	四	五	六
二宮亥	〡〢	〡〣	〡〤	〡〥	〡〦	〡〧	〡〨	〡〩	室○[illegible]	一	二	三	四	五	六
三宮戌	六	七	八	九	〡〇	〡一	〡〢	奎○[illegible]	一	二	三	四	五	六	七
四宮酉	〡〢	胃○[illegible]	一	二	三	四	五	六	七	八	九	〡〇	〡一	〡〢	昴○[illegible]
五宮申	七	八	九	〡〇	〡一	〡〢	〡〣	〡〤	觜○[illegible]	參○[illegible]	一	二	三	四	五
六宮未	〡〇	〡一	〡〢	〡〣	〡〤	〡〥	〡〦	〡〧	〡〨	〡〩	〢〇	〢一	〢〢	〢〣	〢〤
七宮午	五	六	七	八	九	〡〇	〡一	〡〢	〡〣	〡〤	〡〥	〡〦	星○[illegible]	一	二
八宮巳	〡〇	〡一	〡〢	〡〣	〡〤	〡〥	〡〦	〡〧	翼○[illegible]	一	二	三	四	五	六
九宮辰	五	六	七	八	九	〡〇	〡一	〡〢	角○[illegible]	一	二	三	四	五	六
十宮卯	氐○[illegible]	一	二	三	四	五	六	七	八	九	〡〇	〡一	〡〢	〡〣	〡〤
十一宮寅	七	尾○[illegible]	一	二	三	四	五	六	七	八	九	〡〇	〡一	〡〢	〡〣

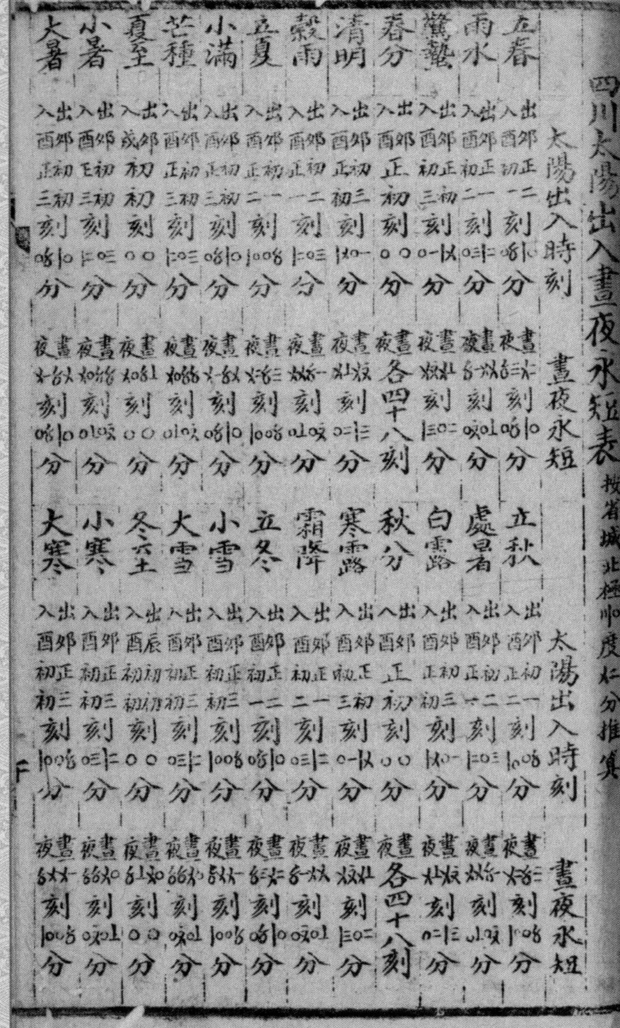

四川太陽出入晝夜永短表　按省城北極卅度[illegible]分推算

	太陽出入時刻	晝夜永短
立春	出卯[illegible]刻[illegible]分　入酉[illegible]刻[illegible]分	晝[illegible]刻[illegible]分　夜[illegible]刻[illegible]分
雨水	出卯[illegible]刻[illegible]分　入酉[illegible]刻[illegible]分	晝[illegible]刻[illegible]分　夜[illegible]刻[illegible]分
驚蟄	出卯[illegible]刻[illegible]分　入酉[illegible]刻[illegible]分	晝[illegible]刻[illegible]分　夜[illegible]刻[illegible]分
春分	出卯正初刻[illegible]分　入酉正初刻[illegible]分	晝夜各四十八刻
清明	出卯[illegible]刻[illegible]分　入酉[illegible]刻[illegible]分	晝[illegible]刻[illegible]分　夜[illegible]刻[illegible]分
穀雨	出卯[illegible]刻[illegible]分　入酉[illegible]刻[illegible]分	晝[illegible]刻[illegible]分　夜[illegible]刻[illegible]分
立夏	出卯[illegible]刻[illegible]分　入酉[illegible]刻[illegible]分	晝[illegible]刻[illegible]分　夜[illegible]刻[illegible]分
小滿	出卯[illegible]刻[illegible]分　入酉[illegible]刻[illegible]分	晝[illegible]刻[illegible]分　夜[illegible]刻[illegible]分
芒種	出卯[illegible]刻[illegible]分　入酉[illegible]刻[illegible]分	晝[illegible]刻[illegible]分　夜[illegible]刻[illegible]分
夏至	出卯[illegible]刻[illegible]分　入戌[illegible]刻[illegible]分	晝[illegible]刻[illegible]分　夜[illegible]刻[illegible]分
小暑	出卯[illegible]刻[illegible]分　入酉[illegible]刻[illegible]分	晝[illegible]刻[illegible]分　夜[illegible]刻[illegible]分
大暑	出卯[illegible]刻[illegible]分　入酉[illegible]刻[illegible]分	晝[illegible]刻[illegible]分　夜[illegible]刻[illegible]分
立秋	出卯[illegible]刻[illegible]分　入酉[illegible]刻[illegible]分	晝[illegible]刻[illegible]分　夜[illegible]刻[illegible]分
處暑	出卯[illegible]刻[illegible]分　入酉[illegible]刻[illegible]分	晝[illegible]刻[illegible]分　夜[illegible]刻[illegible]分
白露	出卯[illegible]刻[illegible]分　入酉[illegible]刻[illegible]分	晝[illegible]刻[illegible]分　夜[illegible]刻[illegible]分
秋分	出卯正初刻[illegible]分　入酉正初刻[illegible]分	晝夜各四十八刻
寒露	出卯[illegible]刻[illegible]分　入酉[illegible]刻[illegible]分	晝[illegible]刻[illegible]分　夜[illegible]刻[illegible]分
霜降	出卯[illegible]刻[illegible]分　入酉[illegible]刻[illegible]分	晝[illegible]刻[illegible]分　夜[illegible]刻[illegible]分
立冬	出卯[illegible]刻[illegible]分　入酉[illegible]刻[illegible]分	晝[illegible]刻[illegible]分　夜[illegible]刻[illegible]分
小雪	出卯[illegible]刻[illegible]分　入酉[illegible]刻[illegible]分	晝[illegible]刻[illegible]分　夜[illegible]刻[illegible]分
大雪	出卯[illegible]刻[illegible]分　入酉[illegible]刻[illegible]分	晝[illegible]刻[illegible]分　夜[illegible]刻[illegible]分
冬至	出辰[illegible]刻[illegible]分　入酉[illegible]刻[illegible]分	晝[illegible]刻[illegible]分　夜[illegible]刻[illegible]分
小寒	出卯[illegible]刻[illegible]分　入酉[illegible]刻[illegible]分	晝[illegible]刻[illegible]分　夜[illegible]刻[illegible]分
大寒	出卯[illegible]刻[illegible]分　入酉[illegible]刻[illegible]分	晝[illegible]刻[illegible]分　夜[illegible]刻[illegible]分

民國三年甲子宿刻宿歲差表

宿	宮	度	分	秒	積宿度
角	[illegible]	[illegible]	[illegible]	[illegible]	[illegible]
亢	[illegible]	[illegible]	[illegible]	[illegible]	[illegible]
氐	[illegible]	[illegible]	[illegible]	[illegible]	[illegible]
房	[illegible]	[illegible]	[illegible]	[illegible]	[illegible]
心	[illegible]	[illegible]	[illegible]	[illegible]	[illegible]
尾	[illegible]	[illegible]	[illegible]	[illegible]	[illegible]
箕	[illegible]	[illegible]	[illegible]	[illegible]	[illegible]
斗	[illegible]	[illegible]	[illegible]	[illegible]	[illegible]
牛	[illegible]	[illegible]	[illegible]	[illegible]	[illegible]
女	[illegible]	[illegible]	[illegible]	[illegible]	[illegible]
虛	[illegible]	[illegible]	[illegible]	[illegible]	[illegible]
危	[illegible]	[illegible]	[illegible]	[illegible]	[illegible]
室	[illegible]	[illegible]	[illegible]	[illegible]	[illegible]
壁	[illegible]	[illegible]	[illegible]	[illegible]	[illegible]
奎	[illegible]	[illegible]	[illegible]	[illegible]	[illegible]
婁	[illegible]	[illegible]	[illegible]	[illegible]	[illegible]
胃	[illegible]	[illegible]	[illegible]	[illegible]	[illegible]
昴	[illegible]	[illegible]	[illegible]	[illegible]	[illegible]
畢	[illegible]	[illegible]	[illegible]	[illegible]	[illegible]
觜	[illegible]	[illegible]	[illegible]	[illegible]	[illegible]
參	[illegible]	[illegible]	[illegible]	[illegible]	[illegible]
井	[illegible]	[illegible]	[illegible]	[illegible]	[illegible]
鬼	[illegible]	[illegible]	[illegible]	[illegible]	[illegible]
柳	[illegible]	[illegible]	[illegible]	[illegible]	[illegible]
星	[illegible]	[illegible]	[illegible]	[illegible]	[illegible]
張	[illegible]	[illegible]	[illegible]	[illegible]	[illegible]
翼	[illegible]	[illegible]	[illegible]	[illegible]	[illegible]
軫	[illegible]	[illegible]	[illegible]	[illegible]	[illegible]

上推每年減五十二秒　下推每年加五十二秒　共三百六十度

民國十三年甲子宿度過宮表

宮	秒	分	度	宿
丑	[illegible]	[illegible]	[illegible]	尾
子	[illegible]	[illegible]	[illegible]	斗
亥	[illegible]	[illegible]	[illegible]	虛
戌	[illegible]	[illegible]	[illegible]	室
酉	[illegible]	[illegible]	[illegible]	奎
申	[illegible]	[illegible]	[illegible]	昴
未	[illegible]	[illegible]	[illegible]	參
午	[illegible]	[illegible]	[illegible]	井
巳	[illegible]	[illegible]	[illegible]	星
辰	[illegible]	[illegible]	[illegible]	翼
卯	[illegible]	[illegible]	[illegible]	角
寅	[illegible]	[illegible]	[illegible]	氐

上推每年加五十二秒　下推每年減五十二秒

太陽戍宮		八項加減	四川天星立命				十一 酉申宮	十二 申未宮	二 午巳宮	三 巳宮
度	宿	時分	宮	度	分	宿	度分	度分	度分	度分
春分	觜七	〇〇〇〇	未	〡三	〡〧	井八	酉〇〦〡〨	申〡三〢〩	午〇〧〡〨	巳〇一〡〦
〇一	八	〇〇〇〤		〡〤	〇〥	九	〇〧〣二	〡〤〢〤	〇〨〡〤	〇二〇〩
〇二	九	〇〇〇〧		〡〤	〥二	九	〇〨〣〥	〡〥〢〨	〇〩〇一	〇三〇〇
〇三	〡〇	〇〇〡一		〡〥	〤〇	〡〇	〇〩〣〧	〡〦〢三	〇〩〤〧	〇三〥三
〇四	〡一	〇〇〡〥		〡〦	〢〧	〡一	〡〇〤〇	〡〧〡〧	〡〇〢〦	〇〤〦〤
〇五	〡二	〇〇〡〨		〡〧	〡〦	〡二	〡一〤二	〡〨〡〇	〡一〢三	〇〥〢〦
〇六	〡三	〇〇〢二		〡〨	〇三	〡三	〡二〤〤	〡〩〇〤	〡二〡〇	〇〦〢〩
〇七	〡〤	〇〇〢〦		〡〨	〥〇	〡三	〡三〤〦	〡〩〥〧	〡二〥〧	〇〧〢二
〇八	參初	〇〇〢〩		〡〩	〢〨	〡〤	〡〤〤〧	〢〇〥一	〡三〤〥	〇〨〡〤
〇九	一	〇〇〣三		〢〇	〢〥	〡〥	〡〥〤〨	〢一〤〩	〡〤〢三	〇〩〇〧
〡〇	二	〇〇〣〧		〢一	〡三	〡〦	〡〦〤〩	〢二〢〦	〡〥〢〇	〇〩〥〩
〡一	三	〇〇〤〇		〢一	〥〩	〡〦	〡〧〥〇	〢三〢〩	〡〦〇〧	〡〇〥二
〡二	四	〇〇〤〤		〢二	〤〦	〡〧	〡〨〥〇	〢〤〢一	〡〦〥〦	〡一〤〥
〡三	五	〇〇〤〨		〢三	〢三	〡〨	〡〩〥一	[illegible]〡三	〡〧〤〤	〡二〢〨
〡〤	六	〇〇〥二		〢〤	〢〇	〡〩	〢〇〥一	〢〦〇〥	〡〨〢一	〡三〢〥
清明	七	〇〇〥〥		〢〥	〇〧	〢〇	〢一〥一	〢〦〥〨	〡〩〡〩	〡〤〡〤
〡〦	八	〇〇〥〩		〢〥	〥〤	〢〇	〢二〥〇	〢〧〤〩	〢〇〇〧	〡〥〡〧
〡〧	九	〇一〇三		〢〦	〤一	〢一	〢三〥〇	〢〨〤〇	〢〇〥〦	〡〦〡一
〡〨	〡〇	〇一〇〦		〢〧	〢〩	〢二	〢〤〤〩	〢〩〢二	〢一〤〩	〡〧〤〤
〡〩	〡一	〇一〡〇		〢〨	〡〦	〢三	〢〥〤〧	未初〢三	〢二〢二	〡〨〥〩
〢〇	〡二	〇一〡〤		〢〩	〇三	〢〤	〢〦〤〧	〇一〡〤	〢三〢一	〡〨〥三
〢一	〡三	〇一〡〧		〢〩	〥〇	〢〤	〢〧〤〦	〇二〇〥	〢〤〡〇	〡〩〤〧
〢二	井初	〇一〢一	午	〇〇	〢〧	〢〥	〢〧〤〤	〇二〥〦	〢〤〥〩	〢〇〤一
〢三	一	〇一〢〥		〇一	〢〥	〢〦	〢〨〤三	〇三〤〧	〢〥〤〧	〢一〢〥
〢〤	二	〇一〢〨		〇二	〡三	〢〧	申初〤一	〇〤〢〧	〢〦〢〧	〢二〢〤
〢〥	三	〇一〣三		〇三	〇〇	〢〨	〇一〢〩	〇〥〢〩	〢〧〢〦	〢三〢〤
〢〦	四	〇一〣〦		〇三	〤〨	〢〨	〇二〢〧	〇〦〢〇	〢〨〡〥	〢〤〡〩
〢〧	五	〇一〤〇		〇〤	〢〦	〢〩	〇三〢〤	〇〧〡一	〢〩〇〥	〢〥〡三
〢〨	六	〇一〤〤		〇〥	〢三	鬼初	〇〤〢二	〇〨〇一	〢〩〥〥	〢〦〇〧
〢〩	七	〇一〤〧		〇〦	〡一	一	〇〥〡〩	〇〨〥二	巳初〤〥	〢〧〇〤

二十四小時圖

此從未初起一時至午正為二十四時是為立命加減時刻之用加法加滿二十四小時則去之只用其餘數

六十分為一小時
十五分為一刻

減法不足減者加二十四小時減之

四川立命真度表 按省城北極推算

用命度表說明

命度表只列六宮者以有六宮則相對之六宮可知也一七四十二八三九十一與五十二與六皆兩兩相對若有儀器則不須檢表亦能與表符合其用表法有二一先有時刻而後求命度檢命度表本日日躔相對時分以先有時分加之(照數檢小時圖)共得若干時分乃按數於表內尋其相近之命度用之時分與表不符者用中比例(詳後表)一先定命度而後求時刻則檢所定命度相對時分內減去本日日躔時分餘若干時分再檢小時圖即得定真時刻命度既定各宮一律相對查取之

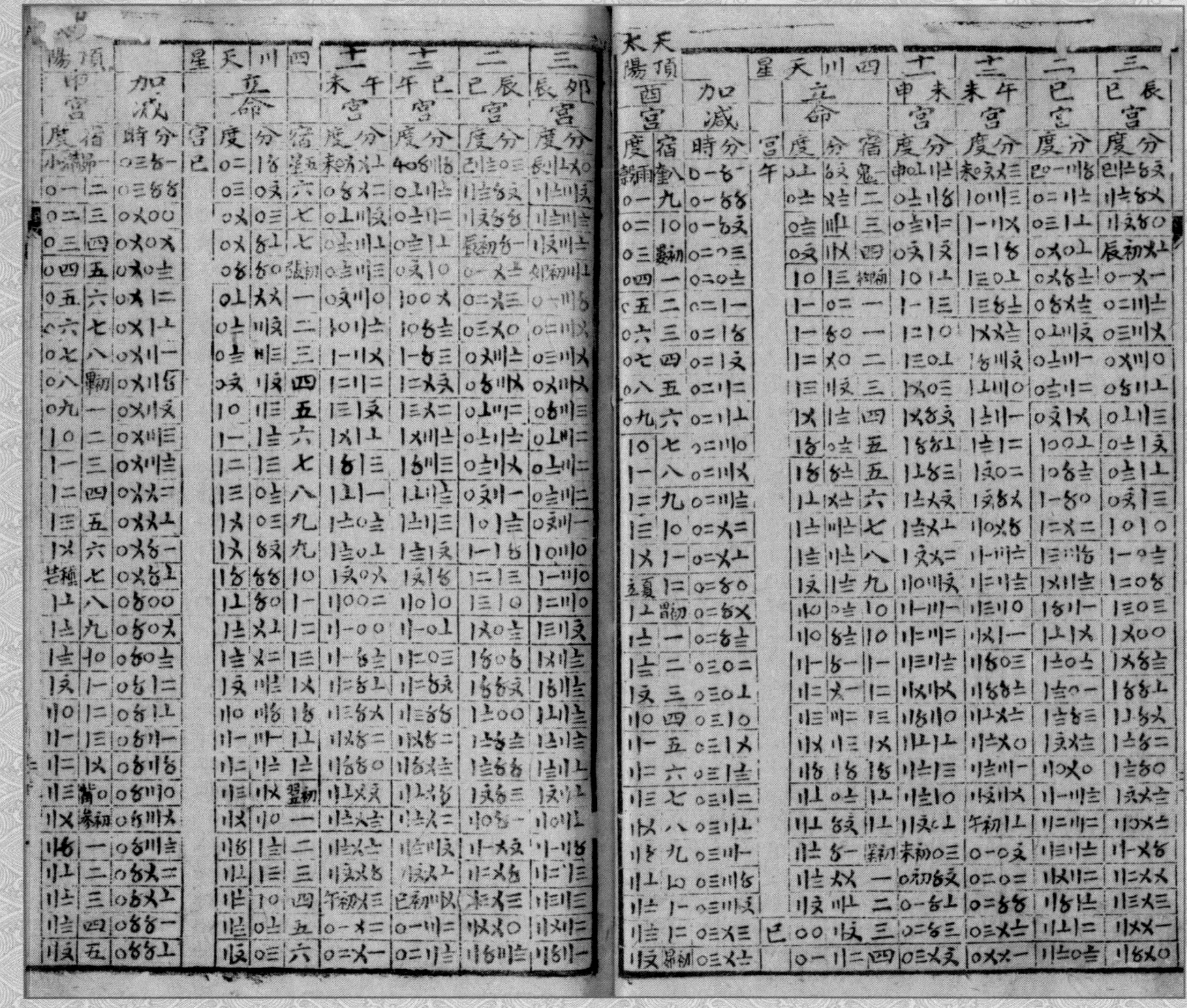

陽頂申宮 度	宿	加減 時分	星天川四立命 宮	度	分	宿	十一 未午宮 度分	十二 午巳宮 度分	二 巳辰宮 度分	三 辰卯宮 度分
小滿	畢一	〇三〥一	巳	〇二	〡〥	星五	未初〤〦	午〇〥〢〥	巳〡〨〇三	辰〡〦〤〇
〇一	二	〇三〥〥		〇三	〇〩	六	〇〥〤二	〇〦〢〧	〡〧〥〩	〡〧〢〩
〇二	三	〇〤〇〇		〇〤	〇三	七	〇〦〢〩	〇〧〢二	〡〩〥〥	〡〧〢〧
〇三	四	〇〤〇〤		〇〤	〥〦	七	〇〧〢〦	〇〨〡〦	辰初〥一	〡〩〢〧
〇四	五	〇〤〇〨		〇〥	〥〇	張初	〇〨〢三	〇〩〡〇	〇一〤〧	卯初〢〦
〇五	六	〇〤〡二		〇〦	〤〤	一	〇〩〢〇	〡〇〇〤	〇二〤三	〇一〢〥
〇六	七	〇〤〡〧		〇〧	〢〩	二	〡〇〢〧	〡〇〥〨	〇三〤〇	〇二〢〤
〇七	八	〇〤〢一		〇〨	〢三	三	〡一〢〤	〡一〥三	〇〤〢〧	〇三〢〤
〇八	觜初	〇〤〢〥		〇〩	〢〩	四	〡二〢二	〡二〤〩	〇〥〢〤	〇〤〢〤
〇九	一	〇〤〢〩		〡〇	〢三	五	〡三〡〩	〡三〤二	〇〦〢二	〇〥〢三
〡〇	二	〇〤〣三		〡一	〡〨	六	〡〤〡〦	〡〤〢〧	〇〧〢〧	〇〦〢二
〡一	三	〇〤〣〨		〡二	〡三	七	〡〥〡三	〡〥〢三	〇〨〢〤	〇〧〢二
〡二	四	〇〤〤二		〡三	〇〨	八	〡〦〡一	〡〦〢〨	〇〩〢一	〇〨〢二
〡三	五	〇〤〤〦		〡〤	〇三	九	〡〧〇〨	〡〧〢三	〡〇〡〨	〇〩〢一
〡〤	六	〇〤〥一		〡〩	〥〩	九	〡〨〇〦	〡〨〡〩	〡一〡〥	〡〇〢〇
芒種	七	〇〤〥〦		〡〥	〥〥	〡〇	〡〩〇〤	〡〩〡〥	〡二〡三	〡一〢〇
〡〦	八	〇〥〇〇		〡〦	〥〇	〡一	〢〇〇二	〢〇〡〇	〡三〡〇	〡二〢〇
〡〧	九	〇〥〇〤		〡〧	〤〦	〡二	〢一〇〇	〢一〇〦	〡〤〇〧	〡三〢〩
〡〨	〡〇	〇〥〇〨		〡〨	〤二	〡三	〢一〥〧	〢二〇三	〡〥〇〥	〡〤〢〧
〡〩	〡一	〇〥〡二		〡〩	〢〧	〡〤	〢二〥〦	〢二〥〩	〡〥〥〩	〡〥〢〧
〢〇	〡二	〇〥〡〦		〢〇	〢〥	〡〥	〢三〥〤	〢三〥〥	〡〧〇〇	〡〦〢〧
〢一	〡三	〇〥〢一		〢一	〣一	〡〦	〢〤〥二	〢〤〥二	〡〧〥〧	〡〦〢〧
〢二	〡〤	〇〥〢〥		〢二	〢〧	〡〧	〢〥〥〇	〢〥〤〧	〡〨〥〥	〡〧〢〦
〢三	觜〇	〇〥〢〇		〢三	〢〤	翼初	〢〦〤〩	〢〧〤〥	〡〩〥三	〡〩〢〦
〢〤	參初	〇〥〣〤		〢〤	〢〇	一	〢〧〤〨	〢〧〤二	〢〇〥一	〢〇〢〦
〢〥	一	〇〥〣〨		〢〥	〡〨	二	〢〨〤〧	〢〨〢〩	〢一〤〩	〢一〢〥
〢〦	二	〇〥〤二		〢〦	〡三	三	〢〩〤〥	〢〩〤〦	〢二〤〥	〢二〡三
〢〧	三	〇〥〤〦		〢〧	〡〇	四	午初〤三	巳初〢〤	辰〤三	〢三〢三
〢〨	四	〇〥〥一		〢〨	〇〦	五	〇一〤二	〇一〢二	〢〤〤〇	〢〤〢二
〢〩	五	〇〥〥〦		〢〩	〇三	六	〇二〤一	〇二〢〧	〢〥〢〧	〢〥〢一

太陽天頂酉宮 度	宿	加減 時分	星天川四立命 宮	度	分	宿	十一 申未宮 度分	十二 未午宮 度分	二 巳宮 度分	三 巳辰宮 度分
穀雨	奎八	〇一〥一	午	〇〦	〥〩	鬼一	申〇〦〢〧	未〇〩〤三	巳〇一〢〥	巳〢〧〥〩
〇一	九	〇一〥〥		〇〧	〤〨	二	〇〧〢〥	〡〇〢三	〇二〢〧	〢〧〥〤
〇二	〡〇	〇一〥〩		〇〨	〣〦	三	〇〨〢二	〡一〢〤	〇三〡〦	〢〩〥〇
〇三	婁初	〇二〇三		〇〩	〢〤	四	〇〩〡〩	〡二〡〥	〇〤〇〦	辰初〤〦
〇四	一	〇二〇〧		〡〇	〡三	柳初	〡〇〡〦	〡三〇〦	〇〤〥〧	〇一〤一
〇五	二	〇二〡一		〡一	〇二	一	〡一〡三	〡三〥〧	〇〥〤〧	〇二〢〧
〇六	三	〇二〡〥		〡一	〥〇	一	〡二〡〇	〡〤〤〨	〇〦〢〩	〇三〢〤
〇七	四	〇二〡〩		〡二	〤〇	二	〡三〇〦	〡〥〢〩	〇〧〢一	〇〤〢〇
〇八	五	〇二〢二		〡三	〢〩	三	〡〤〇三	〡〦〢〇	〇〨〢二	〇〥〢〦
〇九	六	〇二〢〦		〡〤	〡〨	四	〡〤〥〩	〡〧〢一	〇〩〡〤	〇〦〢三
〡〇	七	〇二〣〇		〡〥	〇〧	五	〡〥〥〦	〡〨〡二	〡〇〇〦	〇〧〡〩
〡一	八	〇二〢〤		〡〥	〥〧	五	〡〦〥三	〡〩〇二	〡〇〥〧	〇〨〡〦
〡二	九	〇二〢〨		〡〦	〤〧	六	〡〧〤〩	〡〩〥〤	〡一〥〇	〇〩〡三
〡三	〡〇	〇二〤二		〡〧	〢〧	七	〡〨〤〦	〢〇〤〥	〡二〤二	〡〇〡〇
〡〤	〡一	〇二〤〦		〡〨	〢〧	八	〡〩〤二	〢一〢〧	〡三〢〥	〡一〇〧
立夏	〡二	〇二〥〇		〡〩	〡〨	九	〢〇〢〩	〢二〢〨	〡〤〢〨	〡二〇〥
〡〦	胃初	〇二〥〤		〢〇	〇〨	〡〇	〢一〣一	〢三〢〇	〡〥〢一	〡三〇三
〡〧	一	〇二〥〨		〢〇	〥〨	〡〇	〢二〣二	〢〤〡一	〡〦〡〤	〡〤〇〇
〡〨	二	〇三〇二		〢一	〥一	〡一	〢三〢〧	〢〥〇三	〡〧〇〧	〡〤〥〨
〡〩	三	〇三〇〦		〢二	〩一	〡二	〢〤〢〤	〢〥〥〧	〡〨〇一	〡〥〥〦
〢〇	四	〇三〡〇		〢三	〣二	〡三	〢〥〢〇	〢〦〤〧	〡〨〥三	〡〦〥〤
〢一	五	〇三〡〤		〢〤	〢三	〡〤	〢〦〡〦	〢〧〤〇	〡〩〤〨	〡〧〥二
〢二	六	〇三〡〨		〢〥	〡〥	〡〥	〢〧〡三	〢〨〢一	〢〇〤〇	〡〨〥〇
〢三	七	〇三〢二		〢〦	〇〧	〡〦	〢〨〡〇	〢〩〢〤	〢一〢〨	〡〩〤〧
〢〤	八	〇三〢〦		〢〦	〥〩	〡〦	〢〩〇〦	午初〡〦	〢二〢二	〢〇〤〧
〢〥	九	〇三〣一		〢〧	〥一	星初	未初〇三	〇一〇〩	〢三〢〧	〢一〤〥
〢〦	〡〇	〇三〢〥		〢〨	〤〤	一	〇初〥〩	〇二〇二	〢〤〢二	〢二〤〤
〢〧	〡一	〇三〢〩		〢〩	〣〦	二	〇一〥〦	〇二〥〥	〢〥〡〦	〢三〤三
〢〨	〡二	〇三〤三	巳	〇〇	〢〩	三	〇二〥三	〇三〤〧	〢〦〡二	〢〤〤一
〢〩	昴初	〇三〤〧		〇一	〢二	四	〇三〤〩	〇〤〤一	〢〧〇〨	〢〥〤〇

太陽項				星	天	川	四	十一	十二	二	三
午宮		加減			五命			巳辰宮	辰宮	卯寅宮	寅丑宮
度	宿	時	分	宮	度	分	宿	度分	度分	度分	度分
大暑	井〢〥	〇〨	〇〤	辰	〢〧	〤〥	角〤	巳〇三〢〇	辰〇一〥〦	卯〢〤〢〥	寅〢〥〤
〇一	〢〦	〇〨	〡〣		〢〨	〢〨	五	〇〤〢〇	〇二〥二	〢〥〡〩	〢〦〡一
〇二	〡〦	〇〨	〡〦		〢〩	〢一	六	〇〥〡〩	〇三〤〨	〢〦〡三	〢〦〇〦
〇三	〡〨	〇〨	〢一	卯	〇〇	〢〤	七	〇〦〡〦	〇〤〤三	〢〦〇〥	〢〨〇〤
〇四	〢〩	〇〨	〢〥		〇一	〡〦	八	〇〨〡〦	〇〥〢〨	〢〦〥〨	〢〩〇一
〇五	鬼初	〇〨	〢〩		〇〢	〇〩	九	〇〨〡〥	〇〦〢三	〢〨〥一	〢〩〥〨
〇六	一	〇〨	〢〤		〇三	〇一	〡〇	〇〩〡三	〇〦〢〨	〢〩〤〤	丑初〥〤
〇七	二	〇〨	〢〨		〇三	〥三	〡〇	〡〇〡三	〇〨〡二	寅初〢〦	〇一〥〇
〇八	三	〇〨	〤二		〇〤	〤〥	亢初	〡一〡〇	〇〩〡〇	〇一〡〩	〇二〤〦
〇九	四	〇〨	〤〦		〇〥	〢〦	一	〡二〇〨	〡〇〡二	〇二〢〇	〇三〤〤
〡〇	氐初	〇〨	〥〇		〇〦	〢〨	二	〡三〇〦	〡一〇〦	〇三〡三	〇〤〤〇
〡一	一	〇〨	〥〤		〇〨	〡〩	三	〡〤〇〤	〡一〥〩	〇〤〇三	〇〥〢〦
〡二	二	〇〨	〥〨		〇〨	〇〩	四	〡〥〇二	〡二〥三	〇〤〥〧	〇〦〢二
〡三	三	〇〩	〇二		〇〩	〢二	五	〡〦〇〇	〡三〤〦	〇〥〤〩	〇〧〢〨
〡〤	四	〇〩	〇〦		〇〩	〥二	五	〡〦〥〧	〡〤〢〩	〇〦〤〇	〇〨〡〩
立秋	五	〇〩	〡〇		〡〇	〤二	六	〡〧〥〥	〡〥〢二	〇〧〢二	〇〩〡一
〡〦	六	〇〩	〡〤		〡一	〢三	七	〡〨〥二	〡〦〢〥	〇〨〡三	〡〇〡〨
〡〧	七	〇〩	〡〨		〡二	〢三	八	〡〩〥〇	〡〧〡〨	〇〩〡〥	〡一〡〤
〡〨	八	〇〩	〢二		〡三	〡三	九	〢〇〤〧	〡〨〡〇	〡〇〇〦	〡二〡一
〡〩	九	〇〩	〢〦		〡〤	〇三	〡〇	〢一〤〤	〡〩〇三	〡〇〥〨	〡三〇〧
〢〇	〡〇	〇〩	〣〇		〡〤	〥二	〡〇	〢二〤一	〡〩〥〤	〡一〤〨	〡〤〇〤
〢一	〡一	〇〩	〣〤		〡〥	〤二	氐初	〢三〢〨	〢〇〤〦	〡二〢〩	〡〥〇一
〢二	〡二	〇〩	〣〦		〡〦	〢一	一	〢〤〢〤	〢一〢〨	〡三〢〇	〡〥〥〨
〢三	〡三	〇〩	〤一		〡〦	〢〇	二	〢〥〢〇	〢二〡〩	〡〤〢一	〡〦〥〤
〢〤	〡〤	〇〩	〤〥		〡〨	〡〇	三	〢〦〢〦	〢三〡一	〡〥〡二	〡〧〥〇
〢〥	〡〥	〇〩	〤〩		〡〨	〥〨	三	〢〧〡三	〢〤〡二	〡〦〇三	〡〨〤〧
〢〦	〡〦	〇〩	〥三		〡〩	〤〧	四	〢〨〡〩	〢〥〇三	〡〦〥〤	〡〩〤〤
〢〧	昴初	〇〩	〥〨		〢〇	〢〦	五	〢〩〡〤	〢〥〥〤	〡〧〤〥	〢〇〤一
〢〨	一	〡〇	〇一		〢一	〢〤	六	辰初〡〇	〢〦〤〤	〡〨〢〦	〢一〢〨
〢〩	二	〡〇	〇〥		〢二	〡二	七	〇一〇〦	〢〧〢〨	〡〩〢〧	〢二〢〥

太陽項				星	天	川	四	十一	十二	二	三
未宮		加減			五命			午巳宮	巳辰宮	辰卯宮	卯寅宮
度	宿	時	分	宮	度	分	宿	度分	度分	度分	度分
夏至	參[illegible]	〇〦	〇〇	辰	〇〇	〇〇	[illegible]七	午〇三〤〇	巳〇三〢〥	辰〢〦〢〥	卯〢〦〢〇
〇一	七	〇〦	〇〤		〇〇	〥〦	七	〇〤〢〩	〇〤〡二	〢〦〢二	〢〦〡〩
〇二	八	〇〦	〇〩		〇一	〥三	八	〇〥〢〨	〡〥〢〇	〢〨〢〨	〢〨〡〨
〇三	九	〇〦	〡三		〇二	〥〇	九	〇〦〢〦	〇〦〡〦	〢〩〢〦	〢〩〡〦
〇四	十	〇〦	〡〧		〇三	〤〦	〡〇	〇〧〢〦	〇〧〡〥	卯初〢〤	寅初〡〥
〇五	井初	〇〦	〢二		〇〤	〤二	〡一	〇〨〢〥	〇〨〡一	〇一〢一	〇一〡三
〇六	一	〇〦	〢〦		〇〥	〤〇	〡二	〇〩〢〥	〇〩〇〩	〇二〡〨	〇二〡二
〇七	二	〇〦	〣〇		〇〦	〣〦	〡三	〡〇〣〤	〡〇〇〧	〇三〡〥	〇三〡一
〇八	三	〇〦	〣〥		〇〧	〣三	〡〤	〡一〣〤	〡一〇〥	〇〤〡二	〇〤〡〇
〇九	四	〇〦	〣〩		〇〨	〢〩	〡〥	〡二〣二	〡二〇二	〇〥〇〨	〇〥〇〨
〡〇	五	〇〦	〤〤		〇〩	〢〥	〡〦	〡三〣二	〡三〇〇	〇〦〇〥	〇〦〇〦
〡一	六	〇〦	〤〨		〡〇	〢二	軫初	〡〤〣二	〡〤〇一	〇〧〇一	〇〧〇〤
〡二	七	〇〦	〥二		〡一	〡〨	一	〡〥〣二	〡〤〥〥	〇〧〥〧	〇〨〇二
〡三	八	〇〦	〥〧		〡二	〡〤	二	〡〦〣一	〡〥〥二	〇〨〥〤	〇〩〇〇
〡〤	九	〇〧	〇一		〡三	〡〇	三	〡〧〣〇	〡〦〥〇	〇〩〥〇	〇〩〥〨
小暑	〡〇	〇〧	〇〥		〡〤	〇〥	四	〡〨〣〇	〡〧〤〧	〡〇〤〥	〡〇〥〦
〡〦	〡一	〇〧	〇〩		〡〥	〇一	五	〡〩〣〇	〡〨〤〥	〡一〤一	〡一〥〤
〡〧	〡二	〇〧	〡三		〡〥	〥〧	五	〢〇〢〩	〡〩〤二	〡二〢〧	〡二〥二
〡〨	〡三	〇〧	〡〨		〡〦	〥二	六	〢一〢〨	〢〇〢〩	〡三〢二	〡三〤〩
〡〩	〡〤	〇〧	〢二		〡〧	〤〧	七	〢二〢〨	〢一〢〦	〡〤〢〧	〡〤〤〧
〢〇	〡〥	〇〧	〢〧		〡〨	〤二	八	〢三〢〨	〢二〢三	〡〥〢三	〡〥〤〤
〢一	〡〦	〇〧	〣一		〡〩	〣〧	九	〢〤〢〧	〢三〢〨	〡〦〡〨	〡〦〤一
〢二	〡〧	〇〧	〣〥		〢〇	〣一	〡〇	〢〥〢〦	〢〤〢〦	〡〧〡一	〡〧〢〨
〢三	〡〨	〇〧	〣〩		〢一	〢〧	〡一	〢〦〢〦	〢〥〢三	〡〨〇〧	〡〨〢〦
〢〤	〡〩	〇〧	〤〤		〢二	〢一	〡二	〢〧〢〦	〢〦〢〇	〡〩〇二	〡〩〢三
〢〥	〢〇	〇〧	〤〨		〢三	〡〦	角初	〢〨〢〥	〢〧〡〧	〡〩〥〦	〢〇〣〇
〢〦	〢一	〇〧	〥二		〢〤	〡〇	一	〢〩〢〤	〢〨〡三	〢〇〥〇	〢一〢〧
〢〧	〢二	〇〧	〥〦		〢〥	〇〤	二	巳初〢三	〢〩〇〩	〢一〤〤	〢二〢〤
〢〨	〢三	〇〨	〇〇		〢〥	〥〨	二	〇一〢二	辰初〇〥	〢二〢〨	〢三〢一
〢〩	〢〤	〇〨	〇〥		〢〦	〥一	三	〇二〢一	〇一〇一	〢三〢三	〢〤〡〨

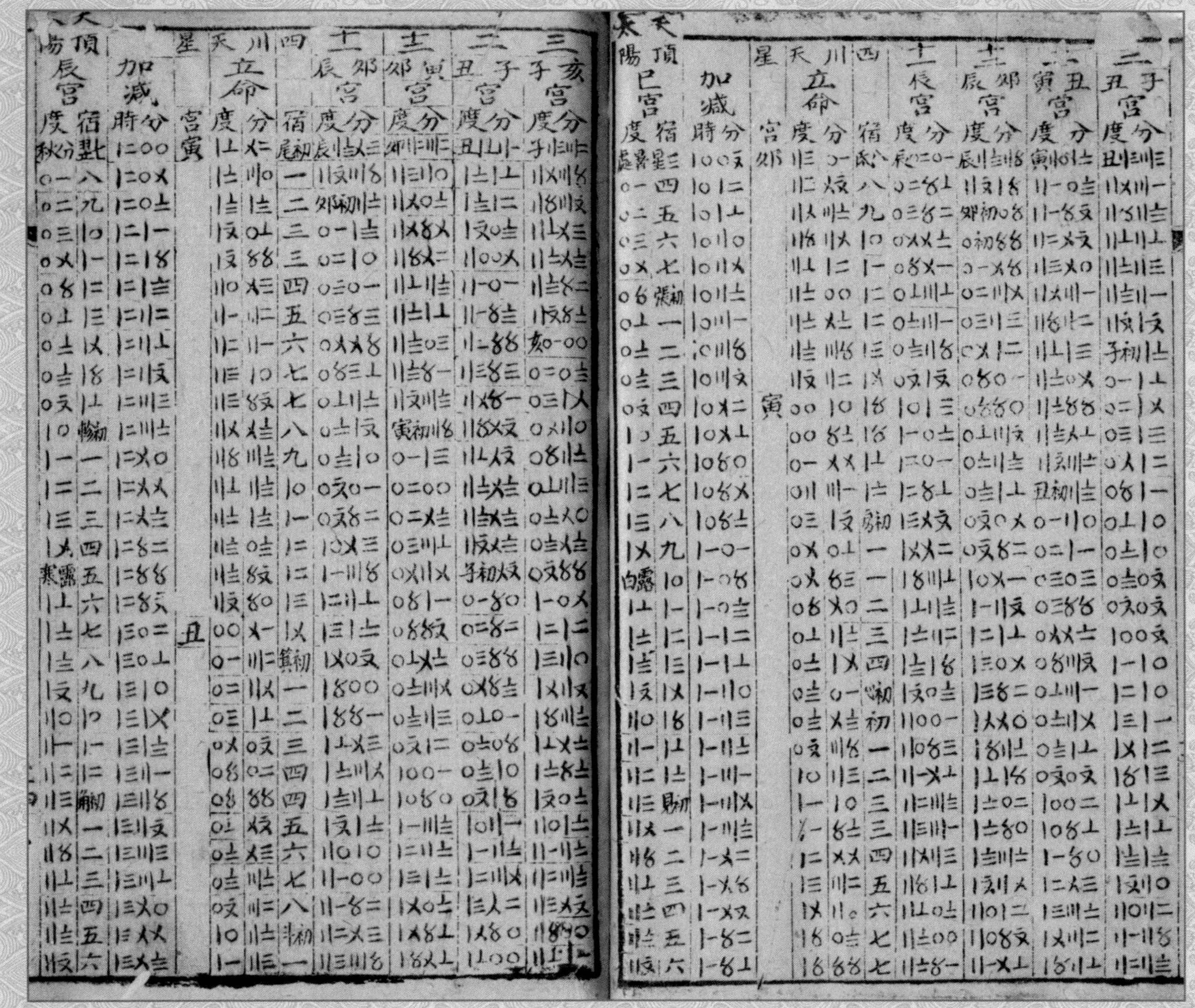

太陽寅宮		頂加減		四川天星 五命				十一 寅丑宮		十二 丑丁宮		二 亥戌宮		三 酉申宮	
度	宿	時	分	宮	度	分	宿	度	分	度	分	度	分	度	分

太陽卯宮		頂加減		四川天星 五命				十一 卯寅宮		十二 寅丑宮		二 子亥宮		三 亥戌酉宮	
度	宿	時	分	宮	度	分	宿	度	分	度	分	度	分	度	分

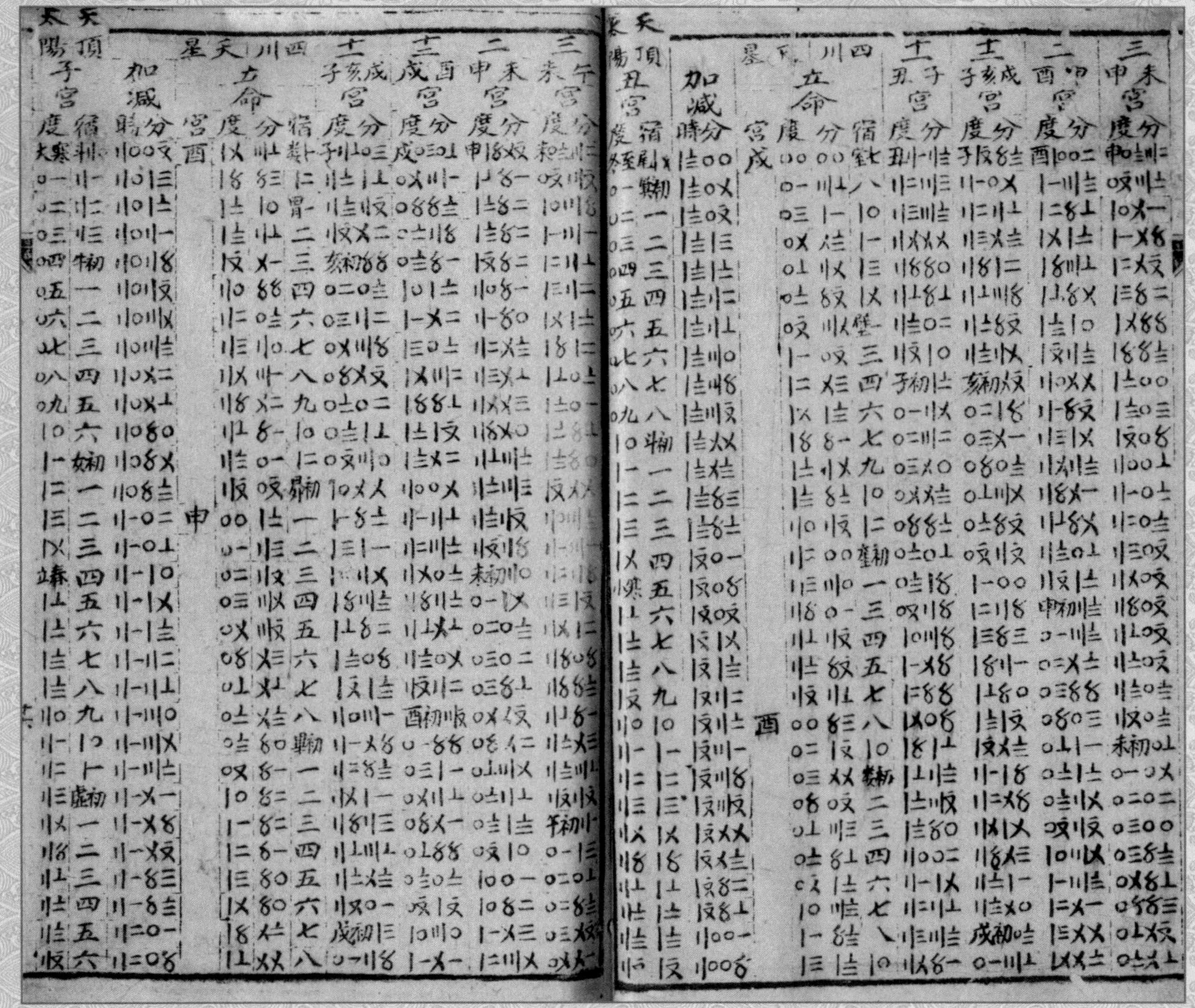
天頂 太陽子宮 加減 四川天星立命 十一子亥戌宮 十二戌酉宮 一申未宮 三未午宮

度 宿 時分 宮 度 分 宿 度分 度分 度分 度分

天頂 太陽丑宮 加減 四川天星立命 十一丑子宮 十二子亥戌宮 二酉卯宮 三申未宮

度 宿 時分 宮 度 分 宿 度分 度分 度分 度分

用命度表設例二則　右表二宮三宮十一宮十二宮備詳分數與徒用盤度者有別

一先有時刻而後求命度設日躔亥宮危初度查表右列時分二十二時二十分如申時初一刻八分用事查小時圖得三時初一刻八分化作二十三分共得二十五時四十三分減去二十四時餘一時四十三分乃向表尋其相近時分在一時四十分及四十四分之間與表不符須用中比例法以四十分與四十四分相減餘四為一率設數四十三分與表之四十分相減餘三為二率所對五命午宮四度三十六分與五度二十三分相減餘四十七分為三率求得四率三十五分與四度三十六分相加得午宮五度十一分立命係鬼宿初度天頂戌〡〦度十一宮在申四度十二宮未七度二宮午〡〤度三宮巳〡〨度各宮皆由比例之其餘四五六七八九宮對待自得

一先定命度而後求時刻設日躔亥宮虛七度查表右時分二十二時零八分如命須安卯宮二十三度一分乃向左對時分十時零九分內減去二十二時零八分此不足減者加二十四小時減之餘十二時零一分查小時圖得子正初刻一分是為定真時刻次於命度左右按各宮照數錄之

天頂亥宮 度	宿	加減 時	分	四川天星 五命 宮	度	分	宿	十一 戌酉宮 度	分	十二 酉申宮 度	分	二 未午宮 度	分	三 巳午宮 度	分
雨水	虛七	〢二	〇〨	申	〡〦	〇〤	畢九	戌〇二	〢〦	酉〡二	〥一	未〡三	〢〥	午〇〥	〢三
〇一	八	〢二	〡二		〡〨	〢〦	〡〇	〇三	〤〩	〡〤	〇〇	〡〤	〡〤	〇〦	〢〥
〇二	九	〢二	〡〦		〩	〢三	〡一	〇〥	〇〇	〡〥	〡〇	〡〥	〇〤	〇〦	〡〦
〇三	危初	〢二	〢〇		〢〇	〢〧	〡二	〇〦	〡一	〡〦	〡〧	〡〥	〥三	〇〧	〇〧
〇〤	一	〢二	〢〤		〢一	〢三	〡三	〇〧	〢二	〡〧	〡〦	〡〦	〤〤	〇〩	〇〇
〇〥	二	〢二	〢〨		〢二	〡〧	〡〤	〇〨	〢三	〡〨	〢三	〡〧	〢三	〇〩	〥〇
〇〦	三	〢二	〣一		〢三	〡一	觜初	〇〩	〤三	〡〩	〢〩	〡〨	〢二	〡〇	〤三
〇〧	四	〢二	〣〥		〢〤	〇〥	參初	〡〇	〥三	〢〇	〤〥	〡〩	〡〇	〡一	〣〤
〇〨	五	〢二	〣〩		〢〤	〥〧	初	〡二	〇三	〢一	〥〇	〡〩	〥〤	〡二	〣〦
〇〩	六	〢二	〤二		〢〥	〥一	一	〡三	〡三	〢二	〥〥	〢〇	〤〧	〡三	〡〧
〡〇	七	〢二	〤〦		〢〦	〤〤	二	〡〤	〢二	〢二	〥〩	〢一	〣〧	〡〤	〇〩
〡一	八	〢二	〥〇		〢〧	〣〦	三	〡〥	〣一	〢〥	〇二	〢二	〣〦	〡〥	〇〇
〡二	九	〢二	〥〤		〢〨	〢〨	四	〡〦	〤〇	〢〦	〇〥	〢三	〡三	〡〥	〥一
〡三	〡〇	〢二	〥〨		〢〩	〡〩	五	〡〧	〤〧	〢〧	〇〨	〢〤	〇一	〡〦	〤三
〡〤	〡一	〢三	〇一	未	〇〇	〡〇	六	〡〨	〥〦	〢〨	〡〇	〢〤	〤〩	〡〧	〣〤
驚蟄		〢三	〇〥		〇一	〇一	七	〢〇	〇〥	〢〩	〡一	〢〥	〣〦	〡〨	〢〥
〡〦	[illegible]	〢三	〇〨		〇一	〥二	七	〢一	〡二	申初	〡二	〢〦	〣〤	〡〩	〡〧
〡〧	[illegible]	〢三	〡二		〇二	〤二	八	〢二	〢〇	〇一	〡二	〢〧	〡二	〢〇	〇〨
〡〨	[illegible]	〢三	〡〦		〇三	〢二	九	〢三	〢〦	〇二	〡二	〢〨	〇〇	〢一	〥〩
〡〩	[illegible]	〢三	〢〇		〇〤	〢二	十	〢〤	〢三	〇三	〡一	〢〩	〤〧	〢一	〥〇
〢〇	〡〦	〢三	〢〤		〇〥	〡二	井初	〢〥	〤〇	〇〤	〡一	〢〩	〢〨	〢一	〤一
〢一	〡〧	〢三	〢〨		〇〦	〇一	一	〢〦	〤〦	〇〥	〇〩	午初	〢二	〢三	〢三
〢二	〩	〢三	〣一		〇〦	〥〇	一	〢〧	〦二	〇〦	〇〧	〇一	〇〩	〢〤	〢〤
〢三	室初	〢三	〣〤		〇〧	〢〩	二	〢〩	〇〇	〇〧	〇〥	〇一	〥〧	〢〥	〡〥
〢〤	一	〢三	〣〨		〇〨	〡〨	三	酉初	〇三	〇〨	〇二	〇二	〤〤	〢〦	〇〧
〢〥	二	〢三	〤二		〇〩	〡〧	四	〇一	〇〨	〇〨	〥〩	〇三	〣二	〢〦	〥〩
〢〦	三	〢三	〤〥		〡〇	〇〥	五	〇二	〡二	〇〩	〥〦	〇〤	〡〨	〢〧	〥〇
〢〧	四	〢三	〤〩		〡〇	〥〤	五	〇三	〡〧	〡〇	〥二	〇〥	〇〦	〢〧	〤二
〢〨	五	〢三	〥三		〡一	〤〨	六	〇〤	〣一	〡一	〤〨	〇〥	〥三	〢〩	〣三
〢〩	六	〢三	〥〦		〡二	〣〇	七	〇〥	〣〨	〡二	〤〤	〇〦	〤〇	巳初	〢〨

四川太陽到方表

按省城北極出地卅〇度卄〇分推算

地平方位	冬至			小寒 大雪			大寒 小雪			立春 立冬			雨水 霜降			驚蟄 寒露		
	時	刻	分	時	刻	分	時	刻	分	時	刻	分	時	刻	分	時	刻	分
子	子	初三	十一	子	初三	十〇	子	初三	〇九	子	初三	〇七	子	初三	〇五	子	初三	〇二
癸	子	正初	〇四	子	正初	〇五	子	正初	〇六	子	正初	〇八	子	正初	十〇	子	正初	十三
丑	子	正初	十三	子	正初	十四	子	正一	〇三	子	正一	〇九	子	正三	〇二	子	正二	〇九
艮	子	正一	〇九	子	正一	十一	子	正二	〇三	子	正三	十四	子	正三	十二	丑	初初	十一
寅	子	正三	〇九	子	正二	十三	子	正三	〇九	丑	初初	十一	丑	初三	〇〇	丑	初三	〇七
甲	丑	初初	〇六	丑	初初	十二	丑	初一	十四	丑	初三	〇九	丑	正一	〇七	丑	正三	〇八
卯	丑	正初	〇二	丑	正初	十一	丑	正二	〇五	寅	初初	〇六	寅	初三	十四	寅	正一	〇八
乙	寅	初三	十三	寅	正初	〇七	寅	正三	〇一	卯	初初	〇四	卯	初二	十〇	卯	正一	〇四
辰	卯	正一	〇四	卯	正一	〇九	卯	正二	十一	辰	初初	〇六	辰	初二	〇五	辰	正初	〇五
巽	辰	正初	十〇	辰	正初	十四	辰	正一	十〇	辰	正二	十二	巳	初初	〇一	巳	初一	〇八
巳	巳	初二	〇三	巳	初二	〇五	巳	初二	十二	巳	初三	〇八	巳	正初	〇六	巳	正一	〇五
丙	巳	正二	〇七	巳	正二	〇八	巳	正二	十三	巳	正三	〇四	巳	正三	十一	午	初初	〇四
午	午	初二	〇三	午	初二	〇四	午	初二	〇五	午	初二	〇七	午	初二	〇九	午	初二	十二
丁	午	正一	十二	午	正一	十一	午	正二	十〇	午	正一	〇八	午	正一	〇六	午	正一	〇三
未	未	初一	〇八	未	初一	〇七	未	初一	〇二	未	初初	十一	未	初初	〇四	午	正三	十一
坤	未	正一	十二	未	正一	十〇	未	正一	〇三	未	正初	〇七	未	初三	〇九	未	初二	十〇
申	申	初三	〇五	申	初三	〇一	申	初二	〇五	申	初一	〇三	未	正三	十四	未	正三	〇七
庚	酉	初二	十一	酉	初二	〇六	酉	初一	〇四	申	正三	〇九	申	正一	十〇	申	初三	十〇
酉	戌	正初	〇二	戌	初三	〇八	戌	初一	十四	酉	正三	十一	酉	正一	〇五	酉	初二	十一
辛	亥	初三	十三	亥	初三	〇四	亥	初一	十〇	戌	正三	〇九	戌	正一	〇一	戌	初二	〇七
戌	亥	正三	〇九	亥	正三	〇三	亥	正三	〇一	亥	正初	〇六	亥	初一	〇八	亥	初初	〇七
乾	子	初一	〇六	子	初一	〇二	子	初初	〇六	亥	正三	〇四	亥	正一	〇〇	亥	正初	〇八
亥	子	初二	〇六	子	初二	〇四	子	初一	十二	子	初一	〇一	子	初初	〇三	亥	正三	〇四
壬	子	初三	〇三	子	初三	〇一	子	初二	十二	子	初二	〇六	子	初一	十三	子	初一	〇六

地平方位	春分 秋分			清明 白露			穀雨 處暑			立夏 立秋			小滿 大暑			芒種 小暑			夏至		
	時	刻	分	時	刻	分	時	刻	分	時	刻	分	時	刻	分	時	刻	分	時	刻	分
子	子	初三	〇〇	子	初二	十二	子	初三	〇九	子	初三	〇七	子	初三	〇五	子	初三	〇四	子	初三	〇三
癸	子	正一	〇〇	子	正一	〇三	子	正一	〇六	子	正一	〇八	子	正一	十〇	子	正一	十一	子	正一	十二
丑	子	正三	〇三	子	正三	十一	丑	初初	〇四	丑	初初	十一	丑	初一	〇二	丑	初一	〇七	丑	初一	〇八
艮	丑	初一	十一	丑	初二	十〇	丑	初三	〇九	丑	正初	〇七	丑	正一	〇三	丑	正一	十〇	丑	正一	十二
寅	丑	正一	〇〇	丑	正二	〇七	丑	正三	十三	寅	初一	〇三	寅	初三	〇五	寅	初三	〇一	寅	初三	〇五
甲	寅	初一	〇九	寅	初三	十〇	寅	正一	十〇	寅	正三	〇九	卯	初一	〇四	卯	初三	〇六	卯	初二	十二
卯	卯	初初	〇二	卯	初二	十一	卯	正一	〇四	卯	正三	十一	辰	初一	十四	辰	初三	〇七	辰	正一	〇七
乙	卯	正三	十三	辰	初二	〇八	辰	正一	〇〇	辰	正三	〇七	巳	初一	十〇	巳	初三	〇四	巳	初三	十三
辰	辰	正三	〇六	巳	初初	〇七	巳	初三	〇八	巳	正初	〇七	巳	正二	〇一	巳	正三	〇三	巳	正三	〇九
巽	巳	初三	〇〇	巳	正初	〇八	巳	正一	十四	巳	正三	〇五	午	初初	〇六	午	初一	〇二	午	初一	〇六
巳	巳	正二	〇四	巳	正三	〇五	午	初初	〇三	午	初一	〇一	午	初一	十二	午	初二	〇四	午	初二	〇六
丙	午	初初	十二	午	初一	〇六	午	初一	十三	午	初二	〇六	午	初二	十二	午	初三	〇一	午	初三	〇二
午	午	初三	〇〇	午	初二	〇二	午	初三	〇五	午	初三	〇七	午	初三	〇九	午	初三	十〇	午	初三	十一
丁	午	正一	〇〇	午	正初	十三	午	正初	十〇	午	正初	〇八	午	正初	〇六	午	正初	〇五	午	正初	〇四
未	午	正三	〇三	午	正二	〇九	午	正二	〇二	午	正一	〇九	午	正一	〇三	午	正初	十四	午	正初	十三
坤	未	初一	十一	未	初初	十〇	午	正三	十二	午	正二	十四	午	正二	〇三	午	正一	十一	午	正一	〇九
申	未	正一	〇〇	未	初三	〇七	未	初二	〇一	未	初初	十〇	午	正三	〇九	午	正二	十三	午	正三	〇九
庚	申	初一	〇九	未	正三	〇八	未	正一	〇七	未	初三	〇八	未	初一	十四	未	初初	十二	未	初初	〇六
酉	酉	初初	〇二	申	正一	〇六	申	初三	〇〇	申	初初	〇八	未	正二	〇五	未	正初	十一	未	正初	〇二
辛	酉	正三	十三	酉	正一	〇四	酉	初二	十一	酉	初初	〇四	申	正二	〇一	申	正初	〇八	申	初三	〇八
戌	戌	正三	〇六	戌	正初	〇五	戌	初二	〇五	戌	初初	〇六	酉	正二	十一	酉	正一	〇九	酉	正一	〇三
乾	亥	初三	〇〇	亥	初一	〇八	亥	初初	〇二	戌	正二	十二	戌	正一	十〇	戌	正初	十四	戌	正初	十〇
亥	亥	正二	〇四	亥	正一	〇五	亥	正初	〇六	亥	初三	〇八	亥	初二	十二	亥	初二	〇五	亥	初二	〇三
壬	子	初初	十二	子	初初	〇四	亥	正三	十一	亥	正三	〇四	亥	正二	十三	亥	正二	〇八	亥	正二	〇七

石四川太陽到方表係用省城北極出地卅度少分起算凡北極相差一度之地時分即有不同須按所差幾何另行起算方與地平實測相合用表法如立春以後雨水等節作壬山丙向用巳正三刻四分起至午初一刻七分止均得太陽到丙向但此不過約畧而已若求太陽實到所折之一度須得中比例法求之設立春後用午初一刻三分是用時在原表巳正三刻四分與午初二刻七分之間則以巳正三刻四分與午初二刻七分相減餘三刻三分為原表時較化作四十八分為一率地經丙方初度至午方初度相距一十五度為二率用時午初一刻三分與原表巳正三刻四分相減餘一刻十四分化作二十九分為三率求得四率九度小餘三加於丙方初度得丙方偏午一度半是立春後午初一刻三分太陽所到之定真地平經度也若先定丙方偏午一度半在立春後求用何時刻得太陽到方則以地經丙方初度至午方初度相距一十五度為一率原表對丙方初度之巳正三刻四分與對午方初度之午初二刻七分相減餘三刻三分為原表時較化作四十八分為二率地經丙方偏午一度半實距丙方初度得九度為三率求得四率二十九分少三小餘加於巳正三刻四分得午初一刻三分是為立春後太陽到丙方偏午一度半之定真時刻也

區運天儀式

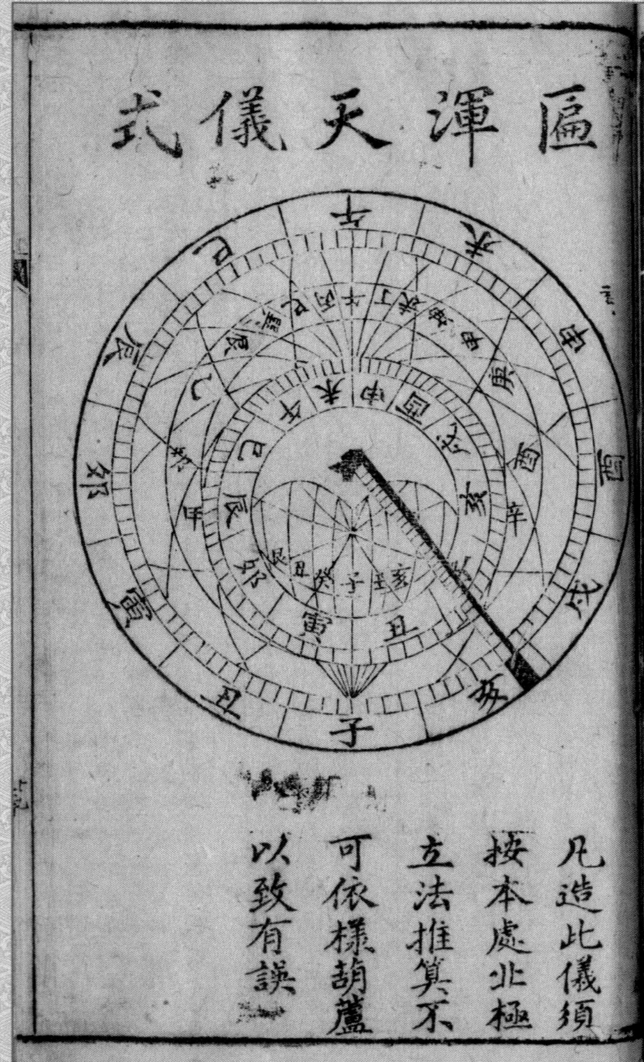

凡造此儀須按本處北極立法推算不可依樣葫蘆以致有誤

區渾天儀彷於中西星要實即西人利瑪竇之渾蓋通憲也法用弧三角眞合所在地平一線不差與俗傳平盤大有區別候星得此即不明弧角所測亦同入眞之精且便旋工省十倍本館所製定價生洋　　枚外有各種候星撥日儀器一同出售價格不等惟秘傳三元真諦羅經非師生授受誓不輕泄於人

附梅定九論渾蓋通憲即古蓋天遺法一

問蓋天必自有儀器今西洋歷仍用渾儀渾象何以斷其為蓋天曰蓋天以平寫渾其器雖平其度則渾非不用渾天儀之測驗也是故用渾儀以測天星疇人子弟多能之而用平儀以稽渾度非精於理者不能也今為西學者多能製小渾儀小渾象至所傳渾蓋通憲者則能治者尠以此故也夫渾蓋平儀置北極於中心其度最密次晝長規又次赤道規以漸而疎此其事易知又次為晝短規在赤道規外其距赤道只與晝長規等理宜收小而今為平儀所限不得不反展而大其經緯視赤道更濶以疎然以稽天度則七政之躔離可知以考時刻則方位之加臨不爽若是者何哉其立法之意置身南極以望北極故近人目者其度加寬遠人目者其度加窄視法之理亦宜然而分秒忽微一一與勾股割圜之切線相應非深思遠微者必不能知也至於長規之外度必更寬更濶而平儀中乃不能容不得不割而棄之淺見者或遂疑蓋天之形其周不合矣是故渾蓋通憲即古蓋天之遺無疑也

附梅定九論渾蓋通憲即古蓋天遺法二

問利氏始傳渾蓋儀而前此如回回歷並未言及何以明其為古蓋天之器曰渾蓋雖利氏所傳然非利氏所創吾嘗徵之於史矣元史載札馬魯丁西域儀象有所謂兀速都兒剌不定者其製以銅如圓鏡而可掛面刻十二辰位晝夜時刻此即渾蓋之型模也又云上加銅條綴其中可以圓轉銅條兩端各屈其首為二竅以對望晝則視日影夜則窺星辰以定時刻以占休咎此即渾蓋上所用之闚箭指尺也又言背嵌鏡片二面刻其圖凡七以辨東西南北日影長短之不同星辰向背之有異故各異其圖以盡天地之變此即渾蓋上所嵌圓片依北極出地之度而各一其圖準天頂地平以知各方辰刻之不同與夫日出入地晝夜之長短及七政躔離所到之方以考其高度也其圖片有七而兩面刻之則十四矣西洋雖不言占法然有其立象之學隨地隨時分十二宮與推命星家立命宮之法畧同故又曰以占休咎也雖作史者未能深悉厥故而語焉不詳今以渾蓋徵之而一一脗合故曰渾蓋雖利氏

所傳而非其所創也且利氏傳此器初不別立佳稱而名之曰渾蓋通憲固已明示其旨矣然則何以不直言蓋天曰蓋天之學人屏絕之久矣驟舉之必駭而不信且夫蓋出於渾乃治渾天者之治謬而精於蓋天者原視為一事未嘗區而別之也夫渾天儀必設於觀臺必如法安置而始可用渾蓋則懸而可掛輕便利於行遠為行測之所需所以遠圖得存其製而流傳至今也

庚午年
七政行度經緯曆

干支吉凶神煞簡表

按干支神煞名目甚繁選擇諸書少有卓見如鼇頭象吉陳子性劉氏家藏之類雖纍世靡然向風究竟不能折衷一是也惟協紀所收刪繁就簡有例可推有理可明信為三合主臬而崇正闢謬出於協紀反有協紀未收而亦濫為增入者本館此表則斷宗協紀姑存之例亦必削而去之庶免謭陋拘牵不為大雅所誚云

年家吉神方位表 紫白另提 專門起例

年干	甲	乙	丙	丁	戊	己	庚	辛	壬	癸
歲德	甲	庚	丙	壬	戊	甲	庚	丙	壬	戊
歲德合	己	乙	辛	丁	癸	己	乙	辛	丁	癸
陽貴人	未	申	酉	亥	丑	子	丑	寅	卯	巳
陰貴人	丑	子	亥	酉	未	申	未	午	巳	卯
歲祿	寅	卯	巳	午	巳	午	申	酉	亥	子

年家吉神方位表

年支	子	丑	寅	卯	辰	巳	午	未	申	酉	戌	亥
歲枝德	巳	午	未	申	酉	戌	亥	子	丑	寅	卯	辰
歲馬	寅	亥	申	巳	寅	亥	申	巳	寅	亥	申	巳
奏書	乾	乾	艮	艮	艮	巽	巽	巽	坤	坤	坤	乾
博士	巽	巽	坤	坤	坤	乾	乾	乾	艮	艮	艮	巽

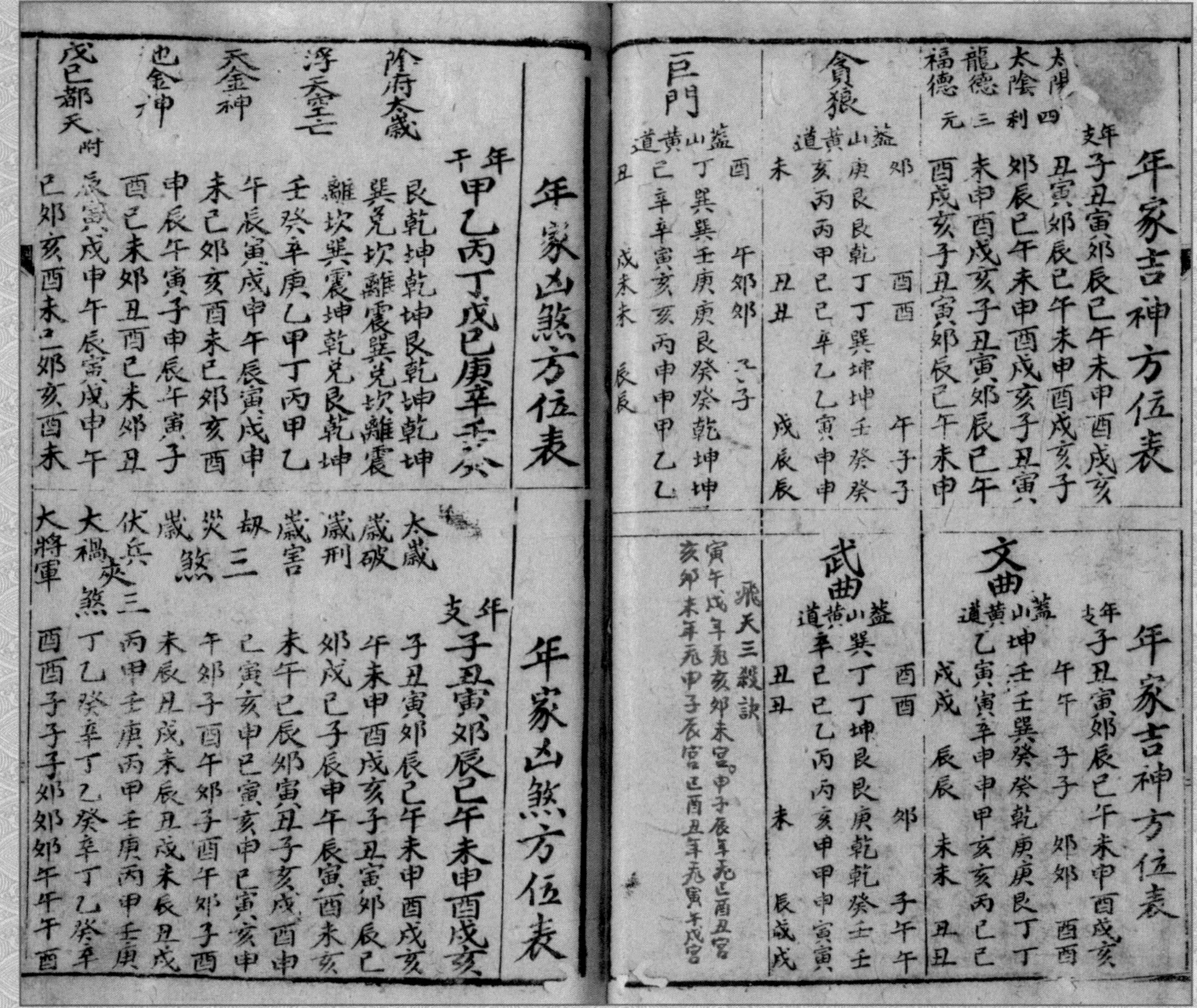

年家吉神方位表

年支	子	丑	寅	卯	辰	巳	午	未	申	酉	戌	亥
太陽 四	丑	寅	卯	辰	巳	午	未	申	酉	戌	亥	子
太陰 利	卯	辰	巳	午	未	申	酉	戌	亥	子	丑	寅
龍德 三	未	申	酉	戌	亥	子	丑	寅	卯	辰	巳	午
福德 元	酉	戌	亥	子	丑	寅	卯	辰	巳	午	未	申

貪狼 益山黃道

卯　酉酉　午子子
庚艮艮乾丁丁巽坤坤壬癸癸
亥丙丙甲巳巳辛乙乙寅申申
未　丑丑　戌辰辰

巨門 益山黃道

酉　午卯卯　乙子
丁巽巽壬庚庚艮癸癸乾坤坤
巳辛辛寅亥亥丙申申甲乙乙
丑　戌未未　辰辰

年家吉神方位表

年支　子丑寅卯辰巳午未申酉戌亥

文曲 益山黃道

午午　子子　卯卯　酉酉
坤壬壬巽癸癸乾庚庚艮丁丁
乙寅寅辛申申甲亥亥丙巳巳
戌戌　辰辰　未未　丑丑

武曲 益山黃道

酉酉　卯　子午午
巽丁丁坤艮艮庚乾乾癸壬壬
辛巳巳乙丙丙亥甲甲申寅寅
丑丑　未　辰戌戌

飛天三殺訣

寅午戌年忌亥卯未宮。申子辰年忌巳酉丑宮。
亥卯未年忌申子辰宮。巳酉丑年忌寅午戌宮。

年家凶煞方位表

年干	甲	乙	丙	丁	戊	己	庚	辛	壬	癸
陰府太歲	艮巽	乾兌	坤坎	乾離	坤震	艮巽	乾兌	坤坎	乾離	坤震
浮天空亡	離壬	坎癸	巽辛	震庚	坤乙	乾甲	兌丁	艮丙	乾甲	坤乙
天金神	午未	辰巳	寅卯	戌亥	申酉	午未	辰巳	寅卯	戌亥	申酉
地金神	申酉	辰巳	午未	寅卯	子丑	申酉	辰巳	午未	寅卯	子丑
戊己都天 附	辰巳	寅卯	戌亥	申酉	午未	辰巳	寅卯	戌亥	申酉	午未

年家凶煞方位表

年支	子	丑	寅	卯	辰	巳	午	未	申	酉	戌	亥
太歲	子	丑	寅	卯	辰	巳	午	未	申	酉	戌	亥
歲破	午	未	申	酉	戌	亥	子	丑	寅	卯	辰	巳
歲刑	卯	戌	巳	子	辰	申	午	未	寅	酉	未	亥
歲害	未	午	巳	辰	卯	寅	丑	子	亥	戌	酉	申
劫煞 三	巳	寅	亥	申	巳	寅	亥	申	巳	寅	亥	申
災煞	午	卯	子	酉	午	卯	子	酉	午	卯	子	酉
歲煞	未	辰	丑	戌	未	辰	丑	戌	未	辰	丑	戌
伏兵	丙	甲	壬	庚	丙	甲	壬	庚	丙	甲	壬	庚
大禍 夾煞	丁	乙	癸	辛	丁	乙	癸	辛	丁	乙	癸	辛
大將軍	酉	酉	子	子	子	卯	卯	卯	午	午	午	酉

年家凶煞方位表

年支	子	丑	寅	卯	辰	巳	午	未	申	酉	戌	亥
力士	艮	艮	巽	巽	巽	坤	坤	坤	乾	乾	乾	艮
蠶室	坤	坤	乾	乾	乾	艮	艮	艮	巽	巽	巽	坤
大煞	子	酉	午	卯	子	酉	午	卯	子	酉	午	卯
天官符	亥	申	巳	寅	亥	申	巳	寅	亥	申	巳	寅
地官符	辰	巳	午	未	申	酉	戌	亥	子	丑	寅	卯
炙退	卯	子	酉	午	卯	子	酉	午	卯	子	酉	午
打頭火	子	酉	午	卯	子	酉	午	卯	子	酉	午	卯
年獨火	艮	震	震	坎	巽	巽	兌	離	離	坤	乾	乾
喪門	寅	卯	辰	巳	午	未	申	酉	戌	亥	子	丑
弔客	戌	亥	子	丑	寅	卯	辰	巳	午	未	申	酉
白虎	申	酉	戌	亥	子	丑	寅	卯	辰	巳	午	未

年家凶煞方位表

年支	子	丑	寅	卯	辰	巳	午	未	申	酉	戌	亥
病符	亥	子	丑	寅	卯	辰	巳	午	未	申	酉	戌
死符	巳	午	未	申	酉	戌	亥	子	丑	寅	卯	辰
五鬼	辰	卯	寅	丑	子	亥	戌	酉	申	未	午	巳
小耗	巳	午	未	申	酉	戌	亥	子	丑	寅	卯	辰
黃旛	辰	丑	戌	未	辰	丑	戌	未	辰	丑	戌	未
豹尾	戌	未	辰	丑	戌	未	辰	丑	戌	未	辰	丑
飛廉	申	酉	戌	亥	子	丑	寅	卯	辰	巳	午	未
巡山羅睺	癸	艮	甲	乙	巽	丙	丁	坤	庚	辛	乾	壬

右年凶煞表附錄戊巳都天一則以與天金神同一例也省去蠶官蠶命一神以與蠶室同一卦也年尅從刪後有詳辯

月家吉神方位表

月建	寅	卯	辰	巳	午	未	申	酉	戌	亥	子	丑
天德	丁	坤	壬	辛	乾	甲	癸	艮	丙	乙	巽	庚
天德合	壬		丁	丙					辛	庚		乙
月德	丙	甲	壬	庚	丙	甲	壬	庚	丙	甲	壬	庚
月德合	辛		丁	乙	辛		丁	乙	辛		丁	乙
月空	壬	庚	丙	甲	壬	庚	丙	甲	壬	庚	丙	甲
飛天赦定局 甲己年	艮	兌	乾	震	坤	坎	中	巽	震	離	艮	兌
乙庚年	中	坎	離	離	艮	兌	坤	坎	離	乾	中	巽
丙辛年	艮	兌	乾	乾	中	坎	艮	兌	乾	震	坤	坎
丁壬年	中	巽	震	離	艮	兌	中	坎	離	離	艮	兌
戊癸年	坤	坎	離	乾	中	巽	艮	兌	乾	乾	中	坎

八節三奇定局

八節	甲子 己酉年			乙丑季 丁亥戊年 庚戌辛酉			己亥年			丙寅丁丑 戊子庚子年 辛亥壬戌		
	乙	丙	丁	乙	丙	丁	乙	丙	丁	乙	丙	丁
冬至	坎	坎	坤	離	坎	坤	離	離	坎	艮	離	坎
立春	艮	艮	離	兌	艮	離	兌	兌	艮	乾	兌	艮
春分	震	震	巽	坤	震	巽	坤	坤	震	坎	坤	震
立夏	巽	巽	中	震	巽	中	震	震	巽	坤	震	巽
夏至	離	離	艮	坎	離	艮	坎	坎	離	坤	坎	離
立秋	坤	坤	坎	震	坤	坎	震	震	坤	巽	震	坤
秋分	兌	兌	乾	艮	兌	乾	艮	艮	兌	離	艮	兌
立冬	乾	乾	中	兌	乾	中	兌	兌	乾	艮	兌	乾

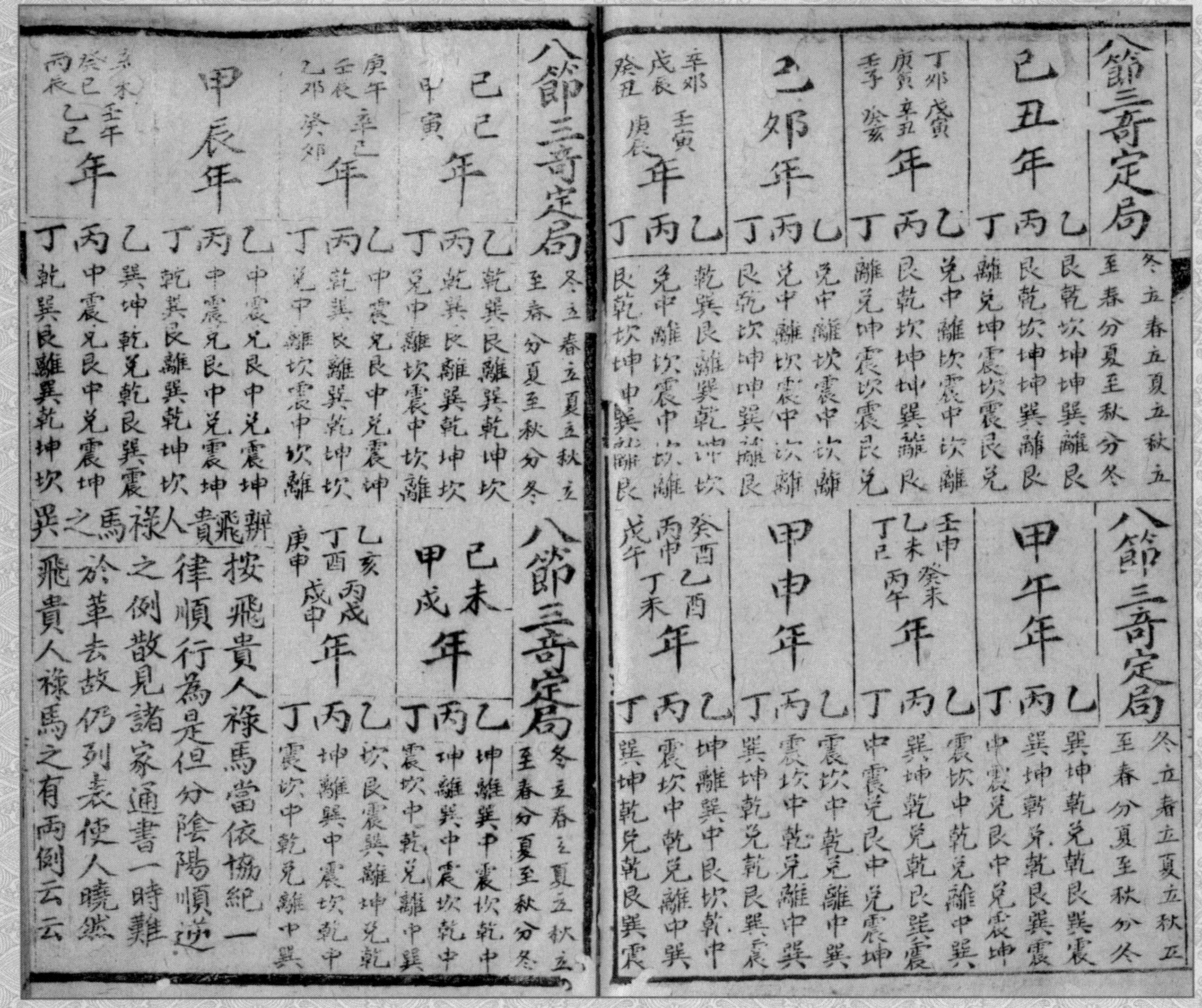

八節三奇定局

年	干	冬至	立春	春分	立夏	夏至	立秋	秋分	立冬
乙丑年	乙	艮	乾	坎	坤	坤	巽	離	艮
	丙	艮	乾	坎	坤	坤	巽	離	艮
	丁	離	兌	坤	震	坎	震	艮	兌
丁卯 戊寅 庚寅 辛丑 壬子 癸亥 年	乙	兌	中	離	坎	震	中	坎	離
	丙	艮	乾	坎	坤	坤	巽	離	艮
	丁	離	兌	坤	震	坎	震	艮	兌
乙卯年	乙	兌	中	離	坎	震	中	坎	離
	丙	兌	中	離	坎	震	中	坎	離
	丁	艮	乾	坎	坤	坤	巽	離	艮
辛卯 壬寅 戊辰 庚辰 癸丑 年	乙	乾	巽	艮	離	巽	乾	坤	坎
	丙	兌	中	離	坎	震	中	坎	離
	丁	艮	乾	坎	坤	中	巽	離	艮

八節三奇定局

年	干	冬至	立春	春分	立夏	夏至	立秋	秋分	立冬
甲午年	乙	巽	坤	乾	兌	乾	艮	巽	震
	丙	巽	坤	乾	兌	乾	艮	巽	震
	丁	中	震	兌	艮	中	兌	震	坤
壬申 癸未 乙未 丙午 丁巳 年	乙	震	坎	中	乾	兌	離	中	巽
	丙	巽	坤	乾	兌	乾	艮	巽	震
	丁	中	震	兌	艮	中	兌	震	坤
甲申年	乙	震	坎	中	乾	兌	離	中	巽
	丙	震	坎	中	乾	兌	離	中	巽
	丁	巽	坤	乾	兌	乾	艮	巽	震
癸酉 乙酉 丙申 丁未 戊午 年	乙	坤	離	巽	中	艮	坎	乾	中
	丙	震	坎	中	乾	兌	離	中	巽
	丁	巽	坤	乾	兌	乾	艮	巽	震

八節三奇定局

年	干	冬至	立春	春分	立夏	夏至	立秋	秋分	立冬
己巳 甲寅 年	乙	乾	巽	艮	離	巽	乾	坤	坎
	丙	乾	巽	艮	離	巽	乾	坤	坎
	丁	兌	中	離	坎	震	中	坎	離
庚午 辛巳 壬辰 乙卯 癸卯 年	乙	中	震	兌	艮	中	兌	震	坤
	丙	乾	巽	艮	離	巽	乾	坤	坎
	丁	兌	中	離	坎	震	中	坎	離
甲辰年	乙	中	震	兌	艮	中	兌	震	坤
	丙	中	震	兌	艮	中	兌	震	坤
	丁	乾	巽	艮	離	巽	乾	坤	坎
辛未 壬午 癸巳 丙辰 乙巳 年	乙	巽	坤	乾	兌	乾	艮	巽	震
	丙	中	震	兌	艮	中	兌	震	坤
	丁	乾	巽	艮	離	巽	乾	坤	坎

八節三奇定局

年	干	冬至	立春	春分	立夏	夏至	立秋	秋分	立冬
己未 甲戌 年	乙	坤	離	巽	中	震	坎	乾	中
	丙	坤	離	巽	中	震	坎	乾	中
	丁	震	坎	中	乾	兌	離	中	巽
乙亥 丙戌 丁酉 戊申 庚申 年	乙	坎	艮	震	巽	離	坤	兌	乾
	丙	坤	離	巽	中	震	坎	乾	中
	丁	震	坎	中	乾	兌	離	中	巽

辨飛貴人祿馬之異

按飛貴人祿馬當依協紀一律順行為是但分陰陽順逆之例散見諸家通書一時難於革去故仍列表使人曉然飛貴人祿馬之有兩例云云

飛貴人祿馬定局

月建 寅卯辰巳午閏夏未申酉戌亥子閏冬丑

甲年
申子辰寅午戌年 陽貴 陰貴 祿 馬
坎離艮兌乾巽中離坎坤震巽乾中
兌乾中巽震兌艮離坎坤震巽乾中
中坎離艮兌震巽中乾兌艮離坎離
中坎離艮兌震巽中乾兌艮離坎離
坤坎離艮兌震巽中離坎坤震坎乾

乙年
亥卯未巳酉丑年 陽貴 陰貴 祿 馬
坤坎離艮兌震巽中離坎坤震兌乾
乾中巽震坤艮離坎坤震巽中中坎
乾中坎離艮坤震巽中乾兌艮坤坎
艮兌乾中坎離坎坤震巽中乾巽震
中巽震坤坎離坎坤震巽中離坎離

丙年
申子辰寅午戌年 陽貴 陰貴 祿 馬
震坤坎離艮坤震巽中離坎坤艮兌
中巽震坤坎離坎坤震巽中離坎離
艮兌乾中坎離坎坤震巽中乾巽震
中坎離艮兌震巽中乾兌艮離坎離
坤坎離艮兌震巽中離坎坤震兌乾

月建 寅卯辰巳午閏夏未申酉戌亥子閏冬丑

丁年
亥卯未巳酉丑年 陽貴 陰貴 祿 馬
中巽震中坎離坎坤震巽中離坎離
震坤坎離艮坤震巽中離坎坤艮兌
離艮兌乾中中離坎坤震巽中中巽
艮兌乾中坎離坎坤震巽中乾巽震
中巽震坤坎離坎坤震巽中離坎離

戊年
申子辰寅午戌年 陽貴 陰貴 祿 馬
兌乾中巽震兌艮離坎坤震巽乾中
坎離艮兌乾巽中離坎坤震巽乾中
艮兌乾中坎離坎坤震巽中乾巽震
中坎離艮兌震巽中乾兌艮離坎離
坤坎離艮兌震巽中離坎坤震兌乾

己年
亥卯未巳酉丑年 陽貴 陰貴 祿 馬
乾中巽震坤艮離坎坤震巽中中坎
坤坎離艮兌震巽中離坎坤震兌乾
離艮兌乾中中離坎坤震巽中中巽
艮兌乾中坎離坎坤震巽中乾巽震
中巽震坤坎離坎坤震巽中離坎離

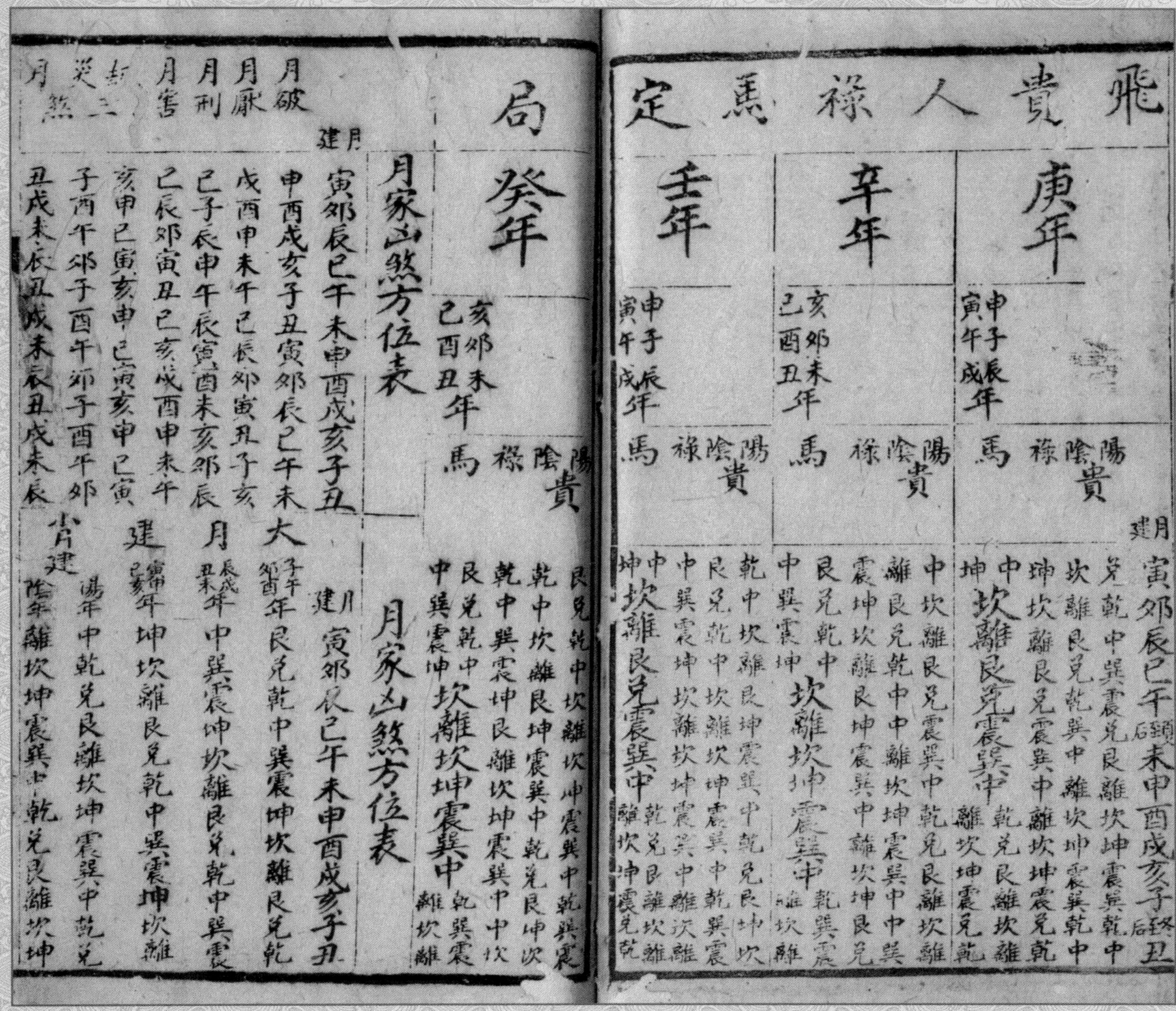

飛貴人祿馬定局

庚年

申子辰 寅午戌年

陽貴 陰貴 祿 馬

月建
寅卯辰巳午后頸未申酉戌亥子后癸丑
兌乾中巽震兌艮離坎坤震巽乾中
坎離艮兌乾巽中離坎坤震巽乾中
坤坎離艮兌震巽中離坎坤震兌乾
中坎離艮兌震巽中乾兌艮離坎離
坤坎離艮兌震巽中離坎坤震兌乾

辛年

亥卯未 巳酉丑年

陽貴 陰貴 祿 馬

中坎離艮兌震巽中乾兌艮離坎離
離艮兌乾中中離坎坤震巽中中巽
震坤坎離艮坤震巽中離坎坤艮兌
艮兌乾中坎離坎坤震巽中乾巽震
中巽震坤坎離坎坤震巽中離坎離

壬年

申子辰 寅午戌年

陽貴 陰貴 祿 馬

乾中坎離艮坤震巽中乾兌艮坤坎
艮兌乾中坎離坎坤震巽中乾巽震
中巽震坤坎離坎坤震巽中離坎離
中坎離艮兌震巽中乾兌艮離坎離
坤坎離艮兌震巽中離坎坤震兌乾

癸年

亥卯未 巳酉丑年

陽貴 陰貴 祿 馬

艮兌乾中坎離坎坤震巽中乾巽震
乾中坎離艮坤震巽中乾兌艮坤坎
乾中巽震坤艮離坎坤震巽中中坎
艮兌乾中坎離坎坤震巽中乾巽震
中巽震坤坎離坎坤震巽中離坎離

月家凶煞方位表

月建
寅卯辰巳午未申酉戌亥子丑
月破 申酉戌亥子丑寅卯辰巳午未
月厭 戌酉申未午巳辰卯寅丑子亥
月刑 巳子辰申午辰寅酉未亥卯辰
月害 巳辰卯寅丑子亥戌酉申未午
劫煞 亥申巳寅亥申巳寅亥申巳寅
災煞 子酉午卯子酉午卯子酉午卯
月煞 丑戌未辰丑戌未辰丑戌未辰

月家凶煞方位表

月建
寅卯辰巳午未申酉戌亥子丑
大月建 子午卯酉年 艮兌乾中巽震坤坎離艮兌乾
辰戌丑未年 中巽震坤坎離艮兌乾中巽震
寅申巳亥年 坤坎離艮兌乾中巽震坤坎離
小月建 陽年 中乾兌艮離坎坤震巽中乾兌
陰年 離坎坤震巽中乾兌艮離坎坤

月家凶煞方位表

月建 寅卯辰巳午未申酉戌亥子丑

甲子午年 中巽震坤坎離艮兌乾中巽震
乙酉丑年 坤坎離艮兌乾中巽震坤坎離
寅午戌年 艮兌乾中巽震坤坎離艮兌乾
亥卯未年 中巽震坤坎離艮兌乾中巽震

飛宮天符

子年 兌乾中兌乾中巽震坤坎離艮
丑年 艮兌乾中兌乾中巽震坤坎離
寅年 離艮兌乾中兌乾中巽震坤坎
卯年 坎離艮兌乾中兌乾中巽震坤
辰年 坤坎離艮兌乾中兌乾中巽震
巳年 震坤坎離艮兌乾中兌乾中巽
午年 巽震坤坎離艮兌乾中兌乾中

月家凶煞方位表

月建 寅卯辰巳午未申酉戌亥子丑

主成月陰府定局

甲己年 坎乾坤巽乾坤離震艮兌坎乾
乙庚年 坤離震艮兌坎乾坤巽乾坤離
坤巽乾坤離震艮兌坎乾坤巽
丙辛年 震艮兌坎乾坤巽乾坤離震艮
乾坤離震艮兌坎乾坤巽乾坤
丁壬年 兌坎乾坤巽乾坤離震艮兌坎
離震艮兌坎乾坤巽乾坤離震
乾坤巽乾坤離震艮兌坎乾坤
戊癸年 艮兌坎乾坤巽乾坤離震艮兌
巽乾坤離震艮兌坎乾坤巽乾

丙 甲己年
丙中中巽震坤坎離艮兌乾中中
丁乾中中巽震坤坎離艮兌乾中

定局

未年 中巽震坤坎離艮兌乾中兌乾
申年 乾中巽震坤坎離艮兌乾中兌
酉年 兌乾中巽震坤坎離艮兌乾中
戌年 中兌乾中巽震坤坎離艮兌乾
亥年 乾中兌乾中巽震坤坎離艮兌

飛宮太歲

甲子癸卯年 乾中巽震坤坎離艮兌乾中兌
己酉戊午年 震坤坎離艮兌乾中兌乾中巽
丙寅乙亥年 離艮兌乾中兌乾中巽震坤坎
丁亥丙申年 乾中兌乾中巽震坤坎離艮兌

獨火定局

乙庚年
丙巽震坤坎離艮兌乾中中巽震
丁中巽震坤坎離艮兌乾中中巽
丙辛年
丙坤坎離艮兌乾中中巽震坤坎
丁震坤坎離艮兌乾中中巽震坤
丁壬年
丙離艮兌乾中中巽震坤坎離艮
丁坎離艮兌乾中中巽震坤坎離
戊癸年
丙兌乾中中巽震坤坎離艮兌乾
丁艮兌乾中中巽震坤坎離艮兌

按協紀年吉神有通天竅有走馬六壬年凶煞有破敗五鬼月凶煞有月遊火皆在姑存之例者表刪之諒無從異惟年剋山及月剋山世俗避之唯謹非明辨其爲不足以破疑爾試觀其例用洪範五行如甲寅辰巽戌子申辛八山屬水甚在甲子年用事五虎遁得戊辰謂變納音木運其年納音屬金即八山皆犯年剋取義紆遠略與陰府同識宗鏡所謂古人奠課多犯陰府年剋者此也況洪範五行即地理宗廟五行

顛倒支離，不若陰府之化氣可信。所以洪、呂、喬闢之為滅蠻經，欲改用正五行起造；劉氏家藏亦嘗不信墓運，謂前人不忌冠山引古課甚多，有三犯、四犯者；協紀辨方，月華載亦云八字成局，納音自可勿論，且引俗本年尅坊宅、長月尅坊宅、母日時尅妨子孫之說，斥為無稽。已甚其列而不拘之意，蓋可知矣。

日家吉神表

按日家吉神及日家凶煞，均有與名同位者，通行曆本難於並錄，不過擇其重要之一二而已。茲宗協紀、鼇頭通書總表如左，先吉神而次凶煞，以為選日備覽云云。

月建　寅卯辰巳午未申酉戌亥子丑
天德　丁　壬辛　甲癸　丙乙　庚
天德合　壬　丁丙　己戊　辛庚　乙
月德　丙甲壬庚丙甲壬庚丙甲壬庚
月德合　辛己丁乙辛己丁乙辛己丁乙

月建　寅卯辰巳午未申酉戌亥子丑
六儀　辰卯寅丑子亥戌酉申未午巳
要安　寅申卯酉辰戌巳亥午子未丑
玉宇　卯酉辰戌巳亥午子未丑申寅
金堂　辰戌巳亥午子未丑申寅酉卯

六合　亥戌酉申未午巳辰卯寅丑子
三合　午亥申酉寅亥子巳寅卯申巳／戌未子丑戌卯辰丑午未辰酉
月恩　丙丁庚己戊辛壬癸庚乙甲辛
月空　壬庚丙甲壬庚丙甲壬庚丙甲
天願　乙甲乙丙丁戊己庚辛壬癸甲／亥戌酉申未午巳辰卯寅丑子
除（吉期　兵寶）　卯辰巳午未申酉戌亥子丑寅
定（時陰）　午未申酉戌亥子丑寅卯辰巳
執（枝德）　未申酉戌亥子丑寅卯辰巳午
危　酉戌亥子丑寅卯辰巳午未申
成（天喜　天醫）　戌亥子丑寅卯辰巳午未申酉
開（時陽　生氣）　子丑寅卯辰巳午未申酉戌亥
陽德　戌子寅辰午申戌子寅辰午申
陰德　酉未巳卯丑亥酉未巳卯丑亥

敬安　未丑申寅酉卯戌辰亥巳子午
普護　申寅酉卯戌辰亥巳子午丑未
福生　酉卯戌辰亥巳子午丑未寅申
聖心　亥巳子午丑未寅申卯酉辰戌
益後　子午丑未寅申卯酉辰戌巳亥
續世　丑未寅申卯酉辰戌巳亥午子
青龍　子寅辰午申戌子寅辰午申戌
明堂　丑卯巳未酉亥丑卯巳未酉亥
金匱（天財）　辰午申戌子寅辰午申戌子寅
天德（地財）　巳未酉亥丑卯巳未酉亥丑卯
玉堂　未酉亥丑卯巳未酉亥丑卯巳
司命　戌子寅辰午申戌子寅辰午申
天馬　午申戌子寅辰午申戌子寅辰
天后　驛馬　申巳寅亥申巳寅亥申巳寅亥

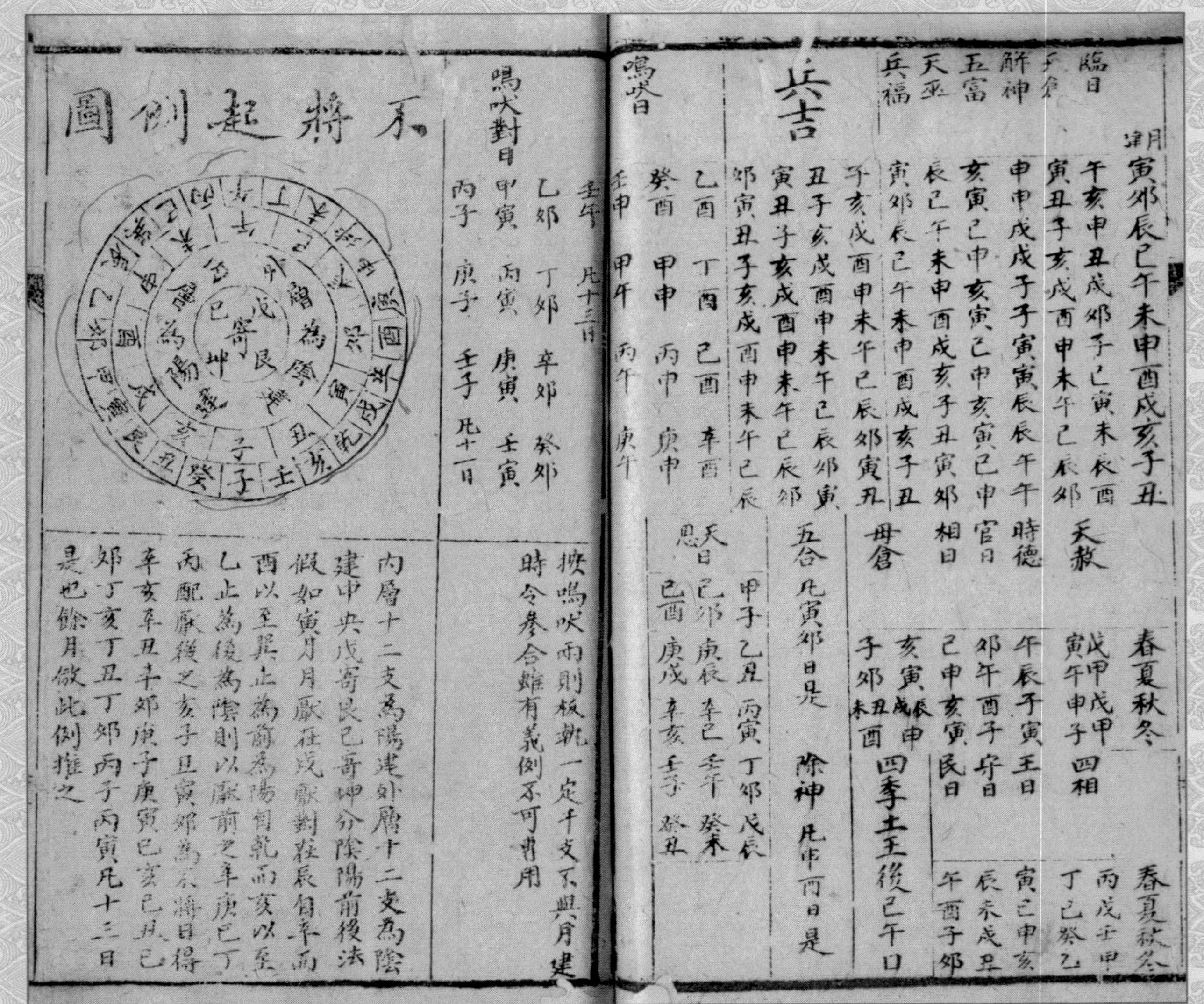

臨日
月建 寅卯辰巳午未申酉戌亥子丑
午亥申丑戌卯子巳寅未辰酉
天倉
寅丑子亥戌酉申未午巳辰卯
解神
申申戌戌子子寅寅辰辰午午
五富
亥寅巳申亥寅巳申亥寅巳申
天巫
辰巳午未申酉戌亥子丑寅卯
兵福
寅卯辰巳午未申酉戌亥子丑

兵吉
子亥戌酉申未午巳辰卯寅丑
丑子亥戌酉申未午巳辰卯寅
寅丑子亥戌酉申未午巳辰卯
卯寅丑子亥戌酉申未午巳辰

天赦 春夏秋冬 戊寅 甲午 戊申 甲子

四相 春夏秋冬 丙丁 戊己 壬癸 甲乙

時德 午辰子寅 王日 寅巳申亥

官日 卯午酉子 守日 辰未戌丑

相日 巳申亥寅 民日 午酉子卯

母倉 亥寅 子卯 戌辰申 未丑酉 四季土王後巳午日

五合 凡寅卯日是　除神 凡申酉日是

甲子 乙丑 丙寅 丁卯 戊辰
己卯 庚辰 辛巳 壬午 癸未

天恩日 己酉 庚戌 辛亥 壬子 癸丑

鳴吠日
乙酉 丁酉 己酉 辛酉
癸酉 甲申 丙申 庚申
壬申 甲午 丙午 庚午
壬午 凡十三日
乙卯 丁卯 辛卯 癸卯

鳴吠對日
甲寅 丙寅 庚寅 壬寅
丙子 庚子 壬子 凡十一日

按鳴吠雨則板執一定干支不與月建時令參合雖有義例不可常用

不將起例圖

內層十二支為陽建外層十二支為陰建中央戊寄艮己寄坤分陰陽前後法假如寅月月厭在戌厭對在辰自辛而酉以至巽止為前為陽自乾而亥以至乙止為後為陰則以厭前之辛庚己丁丙配厭後之亥子丑寅卯為不將日得辛亥辛丑辛卯庚子庚寅己亥己丑己卯丁亥丁丑丁卯丙子丙寅凡十三日是也餘月倣此例推之

不將日便覽

月建 寅卯辰巳午未申酉戌亥子丑

辛亥 庚戌 己酉 丁酉 丙申 乙未 乙巳 甲辰 戊辰 癸卯 壬寅 辛丑
辛丑 庚子 己亥 丁亥 丙戌 乙酉 乙未 甲午 戊午 癸巳 壬辰 辛卯
辛卯 庚寅 己丑 丙申 乙未 甲午 乙酉 甲申 癸卯 壬寅 辛丑 庚子
庚子 己亥 丁酉 丙戌 乙酉 甲申 甲午 戊辰 癸巳 壬辰 辛卯 庚寅
庚寅 己丑 丁亥 丙子 乙亥 甲戌 甲申 甲午 癸未 壬午 辛巳 庚辰
己亥 丁亥 丁丑 乙酉 甲申 戊申 戊午 戊申 壬辰 辛卯 庚寅 己丑
己丑 丁丑 丙戌 乙亥 甲戌 戊戌 戊午 癸巳 壬午 辛巳 庚辰 己卯
己卯 丙戌 丙子 甲申 戊申 癸未 癸巳 癸未 辛卯 庚寅 己丑 丁丑
丁亥 丙子 乙酉 甲戌 戊戌 癸酉 癸未 壬辰 辛巳 庚辰 己卯 丁卯
丁丑 丙寅 乙亥 甲子 癸未 壬午 癸酉 壬午 辛未 庚午 己巳 丙子
丁卯 乙亥 甲戌 戊申 癸酉 壬申 壬午 壬申 庚辰 己卯 丁丑 丙寅
丙子 乙丑 甲子 戊戌 癸亥 此月戊午原無 壬[illegible] 辛巳 庚午 己巳 丁卯 丙辰
丙寅 戊子 庚不列 辛未 丁巳

按不將出於古之堪輿家以厭前干配厭後支取陰陽和會上吉日也非僅嫁娶用之內有不將值破日者勿用

日家凶煞表

月建	寅	卯	辰	巳	午	未	申	酉	戌	亥	子	丑
月厭 地火	戌	酉	申	未	午	巳	辰	卯	寅	丑	子	亥
厭對 招搖	辰	卯	寅	丑	子	亥	戌	酉	申	未	午	巳
月刑	巳	子	辰	申	午	丑	寅	酉	未	亥	卯	戌
月害	巳	辰	卯	寅	丑	子	亥	戌	酉	申	未	午
建 小時 土府	寅	卯	辰	巳	午	未	申	酉	戌	亥	子	丑
滿 中月 天狗	辰	巳	午	未	申	酉	戌	亥	子	丑	寅	卯
平 陽月天罡 死神 陰月河魁	巳	午	未	申	酉	戌	亥	子	丑	寅	卯	辰
破 大耗	申	酉	戌	亥	子	丑	寅	卯	辰	巳	午	未
收 陽月河魁 陰月天罡	亥	子	丑	寅	卯	辰	巳	午	未	申	酉	戌
閉 支	丑	寅	卯	辰	巳	午	未	申	酉	戌	亥	子
劫煞	亥	申	巳	寅	亥	申	巳	寅	亥	申	巳	寅
災煞 天火	子	酉	午	卯	子	酉	午	卯	子	酉	午	卯

日家凶煞表

月建	寅	卯	辰	巳	午	未	申	酉	戌	亥	子	丑
大敗 大時 咸池	卯	子	酉	午	卯	子	酉	午	卯	子	酉	午
遊禍	巳	寅	亥	申	巳	寅	亥	申	巳	寅	亥	申
天吏 致死	酉	午	卯	子	酉	午	卯	子	酉	午	卯	子
大煞	戌	巳	午	未	寅	卯	辰	亥	子	丑	申	酉
小耗	未	申	酉	戌	亥	子	丑	寅	卯	辰	巳	午
天賊	丑	子	亥	戌	酉	申	未	午	巳	辰	卯	寅
土符	丑	巳	酉	寅	午	戌	卯	未	亥	辰	申	子
九空	辰	丑	戌	未	辰	丑	戌	未	辰	丑	戌	未
血忌	丑	未	寅	申	卯	酉	辰	戌	巳	亥	午	子
歸忌	丑	寅	子	丑	寅	子	丑	寅	子	丑	寅	子
往亡	寅	巳	申	亥	卯	午	酉	子	辰	未	戌	丑
月煞 月虛	丑	戌	未	辰	丑	戌	未	辰	丑	戌	未	辰

月建	寅	卯	辰	巳	午	未	申	酉	戌	亥	子	丑
地囊	庚子	乙子	甲子	己卯	甲辰	丙辰	丁巳	丙寅	辛丑	戊寅	辛卯	乙卯
	庚午	癸丑	壬午	己酉	壬戌	丙戌	丁亥	丙申	辛未	戊申	辛酉	癸酉
五墓	乙未	乙未	戊辰	丙戌	丙戌	戊辰	辛丑	辛丑	戊辰	壬辰	壬辰	戊辰
天刑	寅	辰	午	申	戌	子	寅	辰	午	申	戌	子
朱雀	卯	巳	未	酉	亥	丑	卯	巳	未	酉	亥	丑
白虎	午	申	戌	子	寅	辰	午	申	戌	子	寅	辰
天牢	申	戌	子	寅	辰	午	申	戌	子	寅	辰	午
玄武	酉	亥	丑	卯	巳	未	酉	亥	丑	卯	巳	未
勾陳	亥	丑	卯	巳	未	酉	亥	丑	卯	巳	未	酉
死氣	午	未	申	酉	戌	亥	子	丑	寅	卯	辰	巳

月建	寅	卯	辰	巳	午	未	申	酉	戌	亥	子	丑
兵禁	寅	子	戌	申	午	辰	寅	子	戌	申	午	辰
九坎 九焦	辰	丑	戌	未	卯	子	酉	午	寅	亥	申	巳
復日	甲	乙	戊	丙	丁	己	庚	辛	戊	壬	癸	己

大會　甲戌　乙酉　丙午　丁巳　庚辰　辛卯　壬子　癸亥

小會　己酉　戊辰　己巳　戊午　己卯　戊戌　己亥　戊子

四離　二至二分前一日

氣往亡

節	立春	驚蟄	清明	立夏	芒種	小暑	立秋	白露	寒露	立冬	大雪	小寒
	後七日	後十四日	後廿一日	後八日	後十六日	後廿四日	後九日	後十八日	後廿七日	後十日	後二十日	後三十日

	春	夏	秋	冬
四擊	戌	丑	辰	未
四忌	甲子	丙子	庚子	壬子
四窮	乙亥	丁亥	辛亥	癸亥
四耗	壬子	乙卯	戊午	辛酉
五虛	己酉丑	申子辰	亥卯未	寅午戌
四廢	庚申 辛酉	壬子 癸亥	甲寅 乙卯	丙午 丁巳
八風	丁丑 丁巳	甲辰 甲申	丁未 丁亥	甲戌 甲寅

四絕　四立前一日

五離　凡申酉日是所忌輕微

八專　甲寅　庚申　丁未　己未　癸丑　凡五日

觸水龍　丙子　癸未　癸丑　凡三日

土王用事　四立之前各十八日

反支日　以朔計　子丑朔六日　寅卯朔五日　辰巳朔四日　午未朔三日　申酉朔二日　戌亥朔一日

按前清時憲書後所附長短星太白遊方嫁娶周堂關五姓修宅各條已經協紀明辨其非此直刪去為是又俗傳重喪即前表之復日也說如寅月見甲日寅即甲也又見甲日故謂之復日安葬啟攢忌之亦猶忌用建日之義耳俗以為人死犯此必致重死一人不知人生壽數修短由天此人告終原不與彼人相涉且宗鏡有云正月甲日二月乙日得令得祿最吉三月戊日雖不得祿而實得令次吉復日又何忌乎所謂相沿已久驟難頓革但如協紀之定為嗚吠遇復日則忌安葬啟攢德救六合遇復日則不忌安葬啟攢可也又亥巳二日為重日通書謂之天地大重喪復日所忌與復日同前表不能錄之者以亥巳年亥巳月亥巳時不聞有忌而獨忌於日家忌之日家本非方位取義乃謂亥為北極為天皇帝座巳為帝座也明堂極尊之位不敢以凶事當之是何說也通書又謂取四巳巳四癸亥戊天地同流大格則不必忌試問犯一亥巳已為不宜犯四亥巳豈反得吉春秋書有丁巳葬定公是巳不忌而亥亦不忌可知矣

時家吉凶神煞表

由年而月而日神煞備矣吉日既得而樞機之發必審乎時也時由日管選時必於日從協紀六十日時辰定局表未免太繁此以簡表括之

時吉神表

日干	甲	乙	丙	丁	戊	己	庚	辛	壬	癸
天乙陽貴	未	申	酉	亥	丑	子	丑	寅	卯	巳
天乙陰貴	丑	子	亥	酉	未	申	未	午	巳	卯
天官貴人	酉	申	子	亥	卯	寅	午	巳	丑	辰
福星貴人	寅	亥丑	戌子	酉	申	未	午	巳	辰	卯
八祿	寅	卯	巳	午	巳	午	申	酉	亥	子
喜神	寅	戌	申	午	辰	寅	戌	申	午	辰
五合	巳	辰	卯	寅	亥丑	戌子	酉	申	未	午

時凶煞表

日干	甲	乙	丙	丁	戊	己	庚	辛	壬	癸
五不遇時	午	巳	辰	卯	寅	亥丑	戌子	酉	申	未
旬空	申	午	辰	寅	子丑	申	午	辰	寅	子丑
截路空亡	酉	未	巳	卯	亥戌	酉	未	巳	卯	亥戌

時吉神表

日支	子	丑	寅	卯	辰	巳	午	未	申	酉	戌	亥
六合	丑	子	亥	戌	酉	申	未	午	巳	辰	卯	寅
三合	申	巳	午	亥	申	酉	寅	亥	子	巳	寅	卯
	辰	酉	戌	未	子	丑	戌	卯	辰	丑	午	未
驛馬	寅	亥	申	巳	寅	亥	申	巳	寅	亥	申	巳
青龍	申	戌	子	寅	辰	午	申	戌	子	寅	辰	午
明堂	酉	亥	丑	卯	巳	未	酉	亥	丑	卯	巳	未
金匱	子	寅	辰	午	申	戌	子	寅	辰	午	申	戌
寶光	丑	卯	巳	未	酉	亥	丑	卯	巳	未	酉	亥
玉堂	卯	巳	未	酉	亥	丑	卯	巳	未	酉	亥	丑
司命	午	申	戌	子	寅	辰	午	申	戌	子	寅	辰

時凶煞表

日支	子	丑	寅	卯	辰	巳	午	未	申	酉	戌	亥
日破	午	未	申	酉	戌	亥	子	丑	寅	卯	辰	巳
日刑	卯	戌	巳	子	辰	申	午	丑	寅	酉	未	亥
日害	未	午	巳	辰	卯	寅	丑	子	亥	戌	酉	申

時凶煞表

日起	子	丑	寅	卯	辰	巳	午	未	申	酉	戌	亥
天刑	戌	子	寅	辰	午	申	戌	子	寅	辰	午	申
朱雀	亥	丑	卯	巳	未	酉	亥	丑	卯	巳	未	酉
白虎	寅	辰	午	申	戌	子	寅	辰	午	申	戌	子
天牢	辰	午	申	戌	子	寅	辰	午	申	戌	子	寅
玄武	巳	未	酉	亥	丑	卯	巳	未	酉	亥	丑	卯
勾陳	未	酉	亥	丑	卯	巳	未	酉	亥	丑	卯	巳

六甲旬空

時凶煞表

甲子旬中空戌亥　甲戌旬中空申酉

甲申旬中空午未　甲午旬中空辰巳

甲辰旬中空寅卯　甲寅旬中空子丑

以前論時吉凶各表用法均按本日干支分而查對即得吉凶各時更有四大吉時

又貴人登天門時須查曆書中氣太陽過宮而取與僅按干支者有別詳列如左

四大吉時

中氣	太陽過宮	中氣	太陽過宮	同用
冬至 夏至	後太陽丑未宮	春分 秋分	後太陽戌辰宮	同用艮巽坤乾時
大寒 大暑	後太陽子午宮	穀雨 霜降	後太陽酉卯宮	同用癸乙丁辛時
雨水 處暑	後太陽亥巳宮	小滿 小雪	後太陽申寅宮	同用甲丙庚壬時

按四大吉時即六壬四墓覆生之說所謂干維時即十二時之上四刻也如用艮巽坤乾時即取寅巳申亥之上四刻用之餘以此有謂干維時為十一時之如未二刻寄此

貴人登天門時局

中氣	雨水		春分		穀雨		小滿		夏至		大暑		處暑		秋分		霜降		小雪		冬至		大寒	
天月將	登明亥		河魁戌		從魁酉		傳送申		小吉未		勝光午		太乙巳		天罡辰		太沖卯		功曹寅		大吉丑		神后子	
日干	陽貴	陰貴	陽貴	陰貴	陽貴	陰貴	陽貴	陰貴	陽貴	陰貴	陽貴	陰貴	陽貴	陰貴	陽貴	陰貴	陽貴	陰貴	陽貴	陰貴	陽貴	陰貴	陽貴	陰貴
甲	卯	酉	○	○	○	○	○	○	○	○	○	○	酉	○	申	寅	未	丑	午	子	巳	亥	辰	戌
乙	○	戌	○	酉	○	○	○	○	○	○	酉	○	申	○	未	卯	午	寅	巳	丑	辰	子	卯	亥
丙	○	亥	○	戌	○	酉	○	○	酉	○	申	○	未	○	○	○	巳	卯	辰	寅	○	丑	○	子
丁	○	丑	○	子	酉	亥	申	戌	未	○	午	○	巳	○	○	○	○	○	○	○	○	卯	○	寅
戊	酉	卯	申	寅	未	丑	午	子	巳	亥	辰	戌	卯	酉	○	○	○	○	○	○	○	○	○	○
己	○	寅	酉	丑	申	子	未	亥	午	戌	巳	○	辰	○	卯	○	○	○	○	○	○	辰	○	卯
庚	酉	卯	申	寅	未	丑	午	子	巳	亥	辰	戌	○	○	○	○	○	○	○	○	○	○	○	○
辛	申	○	未	卯	午	寅	巳	丑	辰	子	卯	亥	○	戌	○	酉	○	○	○	○	○	○	○	○
壬	未	○	午	○	巳	○	辰	寅	卯	丑	○	子	○	亥	○	戌	○	酉	○	○	○	○	○	○
癸	巳	○	辰	○	卯	○	○	○	○	○	○	寅	○	丑	○	子	酉	亥	申	戌	未	酉	午	申

貴人登天門者乾亥為天門本日天乙貴人加臨其位順佈貴人以下十一將於是六吉得地六凶受制謂之神藏煞沒時即大六壬第一吉課也用表法查中氣天月將為主晝取陽貴夜取陰貴如雨水後登明亥將用事甲日按表得陽貴卯時陰貴酉時是也但凡卯酉二時更要視太陽出入時刻以辨晝夜界限

下十二

新發明千支選擇之必立命宮法

此係本館秘傳今不忍自私增刻以公同好

干入選擇家通稱造命年月訣云年月無如造命法裝成好命資人為是也究其所選之期莫不以四柱為造命而不知造命之所以為造命四柱實不足以盡之蓋天星選擇有立命之度千支選擇必有立命之宮一而二二而一此中真有天命之源也彼鶩頭家吉陳子性劉氏家藏之類淺陋固不足責若協紀辨方煌煌欽定以及崇正闢謬諏吉便覽復由協紀脫胎與夫羅氏通書風行海內並時師之所奉為圭臬者也何其空談四柱為造命而不問及立命之在某宮耶豈子平推命有命宮而選擇造命之不可有命宮也試問選擇不有命宮命又何自而造乎且子平以命宮決人休咎業已斷驗如神而選擇之用子平四柱只含命宮而訛云造命年月能免罰蘆還珠之誚乎本館天星選擇之立命推算度分已比諸家特詳茲更發明千支選擇之必立命宮法凡選四柱而定時必用太陽宮加時以求遷卯安命之宮假如四柱合格而命宮或有太歲凶煞加臨若太耗若災煞之類即不得冒昧而用之世有課吉而召凶者實由未驗立命之過也況立命一定而二財帛三兄弟四田宅五男女六奴僕七妻妾八疾厄九遷移十官祿十一福德十二相貌各宮或吉或凶更有趨避之把柄若承舊浮空空一四柱而欲操人造命之大權無怪証驗無憑致天元選擇之必欲掃而空之也以歎

干支選擇安命宮表

用時	冬至太陽丑宮 立命	大寒太陽子宮 立命	雨水太陽亥宮 立命	春分太陽戌宮 立命	穀雨太陽酉宮 立命	小滿太陽申宮 立命	夏至太陽未宮 立命	大暑太陽午宮 立命	處暑太陽巳宮 立命	秋分太陽辰宮 立命	霜降太陽卯宮 立命	小雪太陽寅宮 立命
子	辰	卯	寅	丑	子	亥	戌	酉	申	未	午	巳
丑	卯	寅	丑	子	亥	戌	酉	申	未	午	巳	辰
寅	寅	丑	子	亥	戌	酉	申	未	午	巳	辰	卯
卯	丑	子	亥	戌	酉	申	未	午	巳	辰	卯	寅
辰	子	亥	戌	酉	申	未	午	巳	辰	卯	寅	丑
巳	亥	戌	酉	申	未	午	巳	辰	卯	寅	丑	子
午	戌	酉	申	未	午	巳	辰	卯	寅	丑	子	亥
未	酉	申	未	午	巳	辰	卯	寅	丑	子	亥	戌
申	申	未	午	巳	辰	卯	寅	丑	子	亥	戌	酉
酉	未	午	巳	辰	卯	寅	丑	子	亥	戌	酉	申
戌	午	巳	辰	卯	寅	丑	子	亥	戌	酉	申	未
亥	巳	辰	卯	寅	丑	子	亥	戌	酉	申	未	午
	宮	宮	宮	宮	宮	宮	宮	宮	宮	宮	宮	宮

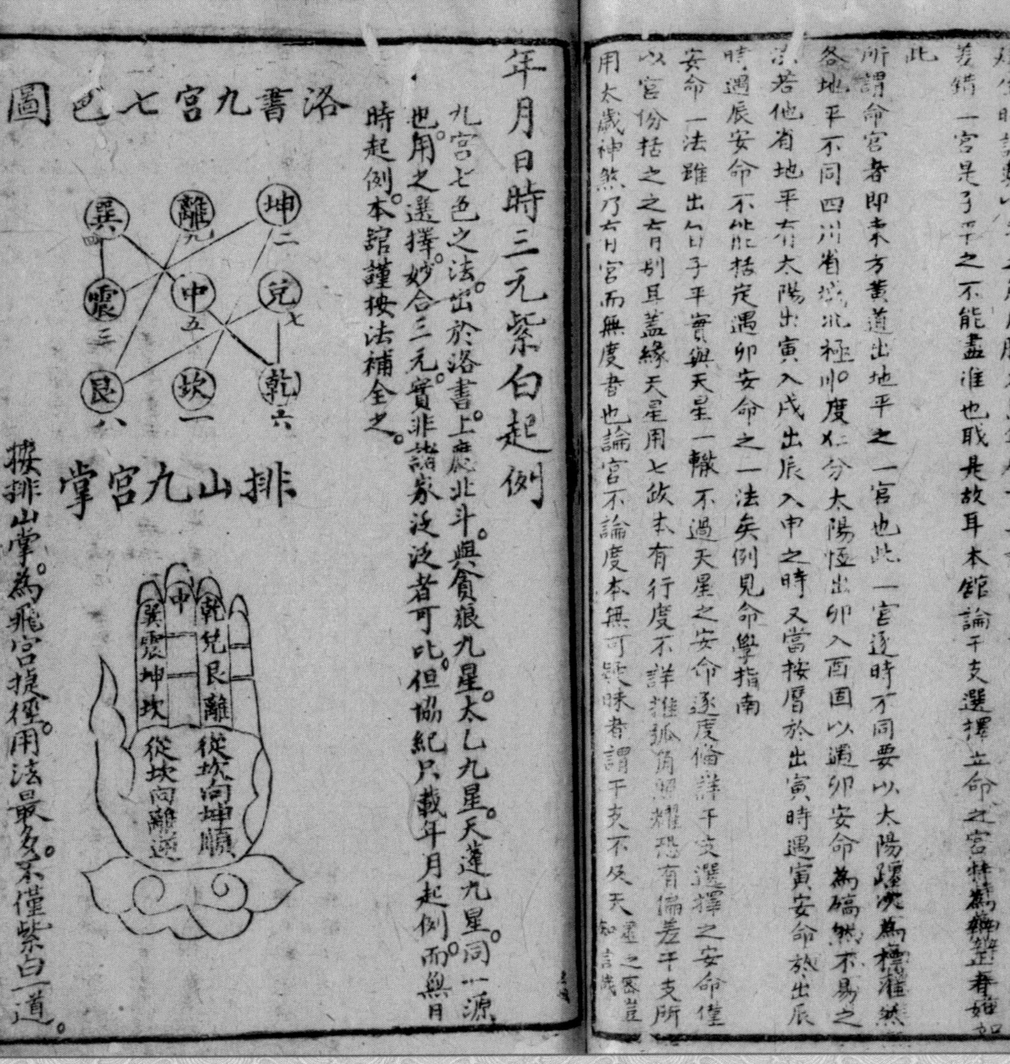

右命宮表起例假如冬至後用事取用子時冬至太陽在丑宮即以丑加子上[illegible]
上順行得辰在卯上即用辰宮安命如用申時即以丑加申順行[illegible]上即用[illegible]
安命。走乙餘倣此按表橫推直看亦得乃俗傳子平家不知立命根於太陽躔次[illegible]
建生時計數以求之所用滕本萬年曆亦每論節不論中氣凡中氣以後坐定[illegible]安命[illegible]
差錯一宮是子平之不能盡准也職是故耳本館論干支選擇立命之宮特為[illegible]者始知

此

所謂命宮者即東方黃道出地平之一宮也此一宮逐時不同要以太陽躔次為標準然各地平不同四川省較北極卯度不分太陽恆出卯入酉固以遇卯安命為確然不易之法若他省地平有太陽出寅入戌出辰入申之時又當按曆於出寅時遇寅安命於出辰時遇辰安命不能拘定遇卯安命之一法矣例見命學指南

安命一法雖出自子平實與天星一轍不過天星之安命逐度備詳干支選擇之安命僅以宮份括之者別耳蓋緣天星用七政本有行度不詳推孤角照耀恐有偏差干支所用太歲神煞乃在月宮而無度者也論宮不論度本無可疑昧者謂干支不及天星之密豈知言哉

年月日時三元紫白起例

九宮七色之法。出於洛書上應北斗。與貪狼九星。太乙九星。天蓬九星。同一源也。用之選擇。妙合三元。實非諸家泛泛者可比。但協紀只載年月起例。而無月時起例。本館謹按法補全之。

洛書九宮七色圖

排山九宮掌

按排山掌。為飛宮捷徑。用法最多。不僅紫白一道。

年紫白起例

上元甲子起一白。中元甲子起四綠。下元甲子起七赤。皆逆行。至太歲在宮看值何星。即以所值之星入中宮順飛八方。如民國十三年中元甲子起四綠。十四年乙丑到三碧。十五年丙寅到二黑。十六年丁卯到一白。丁卯年用事即以一白入中順行。二黑乾。三碧兌。四綠艮。五黃離。六白坎。七赤坤。八白震。九紫巽。其年坎震巽中得紫白大吉。離乾值五黃二黑大凶是也。餘做此推。

月紫白起例

以十二年分三元。子午卯酉為上元。寅申巳亥為中元。辰戌丑未為下元。分三元起正月。按次逆行。看用事月值何星。即以值星入中順行。如子午卯酉年正月起八白。二月七赤。三月六白。三月用事即以六白入中順行。七赤乾。八白兌。九紫艮。一白離。二黑坎。三碧坤。四綠震。五黃巽是也。餘做此推。

日紫白起例 分定三元陽順陰逆。節節相續。深得接氣之義。

冬至後為陽遁分三元。冬至小寒大寒立春為上元。一白起甲子。雨水驚蟄春分清明為中元。七赤起甲子。穀雨立夏小滿芒種為下元。四綠起甲子。俱順行以求值日星。移入中宮順行八方。如民國十三年。陰曆正月初三丙辰日屬冬至後上元。從一白起甲子日順行。求得丙辰值八白。即以八白入中順行。九紫乾。一白兌。二黑艮。三碧離。四綠坎。五黃坤。六白震。七赤巽是也。餘做此推

夏至後為陰遁。分三元。夏至小暑大暑立秋為上元。九紫起甲子。處暑白露秋分寒露為中元。三碧起甲子。霜降立冬小雪大雪為下元。六白起甲子。俱逆行。以求值日星移入中宮逆行八方。如民國十三年陰曆六月初二癸未日。屬夏至後上元。從九紫起甲子逆行。求得癸未值八白。即以八白入中逆行。九紫巽。一白震。一黑坤。三碧坎。四綠離。五黃艮。六白兌。七赤乾是也。餘做此推。

時紫白起例

四仲日為上元。四季日為中元。四孟日為下元。冬至後陽遁分一七四宮起子時。以值時星入中順行。夏至後陰遁分九三六宮起子時。以值時星入中逆行。如冬至後辰戌丑未日是為中元。從七赤起子時順行。卯時用事值一白。即以一白入中順行八方。二黑乾。三碧兌。四綠艮。五黃離。六白坎。七赤坤。八白震。九紫巽是也。夏至後辰戌丑未日。卯時用事屬陰遁局。與此反對。餘並做推

叢辰切忌一覽便知

太歲 只忌到向不忌山方
年獨火 山向方並忌葬不忌
黃幡 忌修方
月厭 忌修方

歲破 最忌坐山
年尅山 已辨明勿用
豹尾 忌修方
月刑 忌修方

劫災歲三煞 只忌山方到向不忌若立向又忌到向
打頭火 山向方並忌葬不忌
飛廉 忌修方
月害 忌修方

伏兵大禍 忌同三煞
歲刑 忌修方
將軍 忌修方

陰府 只忌坐山方向不忌
大煞 忌修方
力士 忌修方

空亡一十八條 俗本通書空亡協紀辨方一無所取

五黃 山向方並忌
白虎 忌修方
蠶室 忌修方
豎造安葬 先日動土不忌土煞

歲害 只忌開山不忌方向
天地金神 忌修方
丙丁火 忌修方
倒堂豎造開山安葬不論中宮

病符 只忌五向修方不忌開山
喪門 忌修方
月三煞 忌修方及開山
白地安葬只論開山附葬先塋須定方道

死符 只忌開山不忌方向
弔客 忌修方
月建 忌開山
修山修向兼論修方與開山立向有別

炙退 只忌開山宜補不宜制
五鬼 忌修方
月破 忌開山
凡方道不利者有移宮修方法

浮天空亡 只忌立向不忌山方
戊己都天 非土王反之中宮不忌動土
大小月建 只忌修方不忌山向

巡山羅睺 只忌立向不忌山方
天地年官符 山向方並忌造葬同
天地月官符 只忌修方不忌山向

嫁娶擇日法 當論宅向及洞房方位其安命大小利月不必拘

掩殮擇時法 諸書並無擇日之例只擬日擇一吉時可也

凡作灶穿井鑿廁安畜欄修倉庫安碓磑等事 皆與修方同法

選擇法論命 宗鏡云修造以宅長一人之命為主葬以亡命為主祭主只忌冲押又云從來皆論生年不論生日有論生日者非古法也冲日只忌天尅地冲而納音尅命者之單冲亦忌押命用葬日入中尋歲君之法不押在本山者不忌

二十四山造命宜忌總覽

壬山 天干陽水居北方亥子之中生申旺子墓辰亥為祿寅為食祿卯陽貴巳陰貴甲福德丁正財與合巳正官辛正印亥子夾輔比旺宜隨便取合子為及忌多見兼子宜申子辰局巳酉丑局亦可忌午暗冲兼亥宜亥卯未局及申子辰局忌巳暗冲並忌寅午戌局坐三煞〇三方吊照拱以坤乙

子山 地支正北水位申辰三合一家天干壬癸地支亥丑皆為夾輔丑六合癸進祿馬在寅巳進陽貴乙進陰貴丙辛化水局金申子辰為從化格壬癸亥子丑全為秀占一方兼壬以陽水論丁正財巳正官辛正印兼癸以陰水論丙正財戊正官庚正印宜隨便取合卯為刑未為害午為冲多見午為近疊及並忌兼壬兼癸不兼俱宜申子辰局巳酉丑局亦吉忌寅午戌局坐三煞

癸山 天干陰水居北方子丑之中生卯旺亥墓未子為祿卯為食祿巳陽貴卯陰貴乙為福德丙正財戊正官與合庚正印子丑夾輔宜隨便取合丑為從忌多見兼子宜申子辰局巳酉丑局亦吉忌午暗冲兼丑宜巳酉丑局及申子辰局忌未暗冲並忌寅午戌局坐三煞〇二方吊照拱以巽庚

丑山 地支陰土金之墓位巳酉三合一家甲戊庚三奇進貴甲戊庚陽貴甲陰貴子寅夾輔子六合馬在亥丙丁戊癸及納音火多見為五氣朝元宜隨便取合戌為刑午為害未為冲多見癸為進疊及並忌兼癸兼艮不兼俱宜巳酉丑局及申子辰局忌寅午戌局坐三煞

艮山 八卦陽土居東北隅丑寅之界丙為納氣壬趨艮癸正財乙正官丁正印丑寅夾輔宜隨便取合兼丑屬北宜巳酉丑局及申子辰局忌寅午戌局坐三煞忌未暗冲兼寅屬東宜寅午戌局忌巳酉丑局坐三煞忌申暗冲〇三方吊照拱以丙辛

寅山 火長生之位界在丑卯間午戌三合一家甲進祿辛進貴亥六合丑卯夾輔宜隨便取合巳為害申為冲兼刑並忌兼艮兼甲不兼俱宜寅午戌局及亥卯未局忌巳酉丑局坐三煞〇馬在申因避冲刑不取

甲山 天干陽木居東方寅卯之中生亥旺卯墓未寅為祿巳為食祿未陽貴丑陰貴丙為福德巳正財與合辛正官癸正印寅卯夾輔比旺宜隨便取合卯為

及忌多見兼卯宜亥卯未局申子辰局亦可忌酉暗沖兼寅宜寅午戌局及亥卯未局忌申暗沖並忌巳酉丑局坐三煞○三方吊照拱以丁

卯山 地支正東木位亥未三合一家天干甲乙地支寅辰皆為夾輔戌六合乙進祿馬在巳壬進陽貴癸進陰貴丁壬化木局全亥卯未為從化格甲乙寅卯辰全為秀占一方兼甲以陽木論巳正財辛正官癸正印兼乙以陰木論戊正財庚正官壬正印宜隨便取合子為刑辰為害酉為沖多見甲為進氣及並忌兼甲兼乙不兼俱宜亥卯未局申子辰局亦吉忌巳酉丑局坐三煞○取寅辰夾輔及寅卯辰秀占一方辰又六害忌多見

乙山 天干陰木居東方卯辰之中生午旺寅墓戌卯為祿午為食祿申陽貴子陰貴丁為福德戊正財庚正官與合壬正印卯辰夾輔宜隨便取合辰為及忌多見兼卯宜亥卯未局申子辰局亦吉忌酉暗沖兼辰宜申子辰局及亥卯未局忌戌暗沖並忌巳酉丑局坐三煞○三方吊照拱以坤壬

辰山 地支陽土水之墓位申子三合一家丙丁戊癸及納音火多見為五炁朝元酉六合卯巳夾輔馬在寅宜隨便取合辰為自刑卯為害戌為沖多見乙為進氣及並忌兼乙兼巽不兼俱宜申子辰忌寅午戌局亦可（戌字宜避）忌巳酉丑局坐三煞○取卯巳夾輔卯又六害忌多見辰自刑少見不忌

巽山 八卦陰木居東南隅辰巳之界辛為納炁戊正財庚正官壬正印辰巳夾輔宜隨便取合兼辰屬東宜申子辰局及亥卯未局忌巳酉丑局坐三煞忌戌暗沖兼巳屬南舊例取巳酉丑局似魁山故不取權用寅午戌局及亥卯未局避去亥字可也忌申子辰局坐三煞忌亥暗沖○三方吊照拱以庚癸

巳山 金長生之位界在辰午間酉丑三合一家丙戊進祿癸進陽貴壬進陰貴申六合辰午夾輔宜隨便取合寅為刑為害亥為沖並忌兼巽兼丙不兼俱宜巳酉丑局及亥卯未局忌申子辰局坐三煞○馬在亥因避沖不取

丙山 天干陽火居南方巳午之中生寅旺午墓戌巳為祿為食祿酉陽貴亥陰貴戊為福德辛正財與合癸正官乙正印巳午夾輔比旺宜隨便取合午為刃忌多見兼午宜寅午戌局亥卯未局亦吉忌子暗沖兼巳宜巳酉丑局及寅午戌局忌亥暗沖並忌申子辰局坐三煞○三方吊照拱以艮辛

午山 地支正南火位寅戌三合一家天干丙丁地支巳未皆為夾輔未六合丁巳進祿馬在申辛進貴戌癸化火局全寅午戌為從化格丙丁巳午未全為秀占一方兼丙以陽火論辛正財癸正官乙正印兼丁以陰火論庚正財壬正官甲正印宜隨便取合午為自刑丑為害子為沖多見丙戌為進疊及並忌兼丙兼丁不兼俱宜寅午戌局及亥卯未局忌申子辰局坐三煞○干自刑少見不忌

丁山 天干陰火居南方午未之中生酉旺巳墓丑午為祿為食祿亥陽貴酉陰貴巳為福德庚正財壬正官與合申正印午未夾輔宜隨便取合未為及忌多見兼午宜寅午戌局亥卯未局亦可忌子暗沖兼未宜亥卯未局及寅午戌局忌丑暗沖並忌申子辰坐三煞○三方吊照拱以乾甲

未山 地支陰土木之墓位亥卯三合一家甲戊庚三奇進貴（甲陽貴 庚陰貴）午申夾輔午六合為在巳丙丁戊癸及納音火多見為五炁朝元宜隨便取合戌為刑子為害丑為沖多見丁巳為進疊及並忌兼丁兼坤不兼俱宜亥卯未（此三合一家似魁亦不忌）雖及寅午戌局（戌字避去）忌申子辰局坐三煞

坤山 八卦陰土居西南陽未申之界乙癸為納煞壬正財甲正官丙正印未申夾輔宜隨便取合兼未屬南舊例取亥卯未局似魁山恐不取權用寅午戌局可也忌申子辰局坐三煞忌丑暗沖兼申屬西宜申子辰局巳酉丑局亦可忌亥卯未局坐三煞忌寅暗沖○三方吊照拱以壬乙

申山 水土長生之位界在未酉間子辰三合一家庚進祿乙進陽貴巳進陰貴巳六合（從合 刑）未酉夾輔宜隨便取合亥為害寅為沖並忌兼坤兼庚不兼俱宜申子辰局及巳酉丑局忌亥卯未局坐三煞○馬在寅因避沖不取

庚山 天干陽金居西方申酉之中生巳旺酉墓丑申為祿亥為食祿丑陽貴未陰貴壬為福德乙正財與合丁正官己正印申酉夾輔比旺宜隨便取合酉為及忌多見兼酉宜巳酉丑局忌卯暗沖兼申宜巳酉丑局及申子辰局忌寅暗沖並忌亥卯未局坐三煞○三方吊照拱以巽癸

酉山 地支正西金位巳丑三合一家天干庚辛地支申戌皆為夾輔辰六合辛進祿馬在亥丙進陽貴丁進陰貴乙庚化金局全巳酉丑為從化格庚申辛酉戌全為秀占一方兼庚以陽金論乙正財丁正官己正印兼辛以陰金論甲正

財丙正官戊正印宜隨便取合酉為自刑戌為害卯為冲多見庚為進疊及並忌兼庚兼辛不兼俱宜巳酉丑局申子辰局亦可忌亥卯未局坐三煞〇酉自刑少見不忌又取申戌夾輔及申酉戌秀占一方戌又六害忌多見

辛山 天干陰金居西方酉戌之中生子旺申墓辰酉為祿子為食祿寅陽貴午陰貴癸為福德甲正財丙正官與合戊正印酉戌夾輔宜隨便取合戌為及忌多見兼酉宜巳酉丑局申子辰局亦可忌卯暗冲兼戌取寅午戌局雖似離山亦甚相宜以寅午為辛貴人又兼戌故也巳酉丑局亦吉忌辰暗冲並忌亥卯未局坐三煞〇三方吊照拱以艮丙

戌山 地支陽土火之墓位寅午三合一家丙丁戊癸及納音火多見為五炁朝元卯六合馬在申酉亥夾輔宜隨便取合丑為刑酉為害辰為冲多見辛為進疊及並忌兼辛兼乾不兼俱宜寅午戌局忌亥卯未局坐三煞〇取酉亥夾輔酉又六害忌多見

乾山 八卦陽金居西北隅戌亥之中甲壬為納炁乙正財丁正官巳正印戌亥夾輔宜隨便取合兼戌屬酉宜巳酉丑局忌亥卯未局坐三煞忌辰暗冲並亥屬北宜亥卯未局及申子辰局忌寅午戌局坐三煞忌巳暗冲〇三方吊照拱以甲丁

亥山 木長生之位界在戌子間卯未三合一家壬進祿丁進陽貴丙進陰貴寅六合戊子夾輔宜隨便取合亥為自刑申為害巳為冲並忌兼乾兼壬不兼俱宜亥卯未局及申子辰局忌寅午戌局坐三煞〇馬在巳因避冲不取又亥自刑申為害少見不忌

二十四山所宜三合局只取本三合及生入尅出之局間亦有取生出者必當山運旺侯始可用之其尅入之局慨行删去以及貴人祿馬福德財官印生旺墓合夾輔比旺納炁化炁五炁朝元種種所宜刑害冲及三煞諸大忌有舊本小異者由此集不用雙山五行且據師傳造命審定故起竊謂選擇一道妙在熟能生巧變化無窮總覽所列不過為初學指門逕耳神而明之蓋將不止此矣

辨偽總曰

術士好奇而嗜利僞言繁興此以為吉彼以為凶自褚少孫補史記已言之無怪至於今日六十甲子而術家盈百二十四何而神煞盈千有若蕪不亂玉之不易辨也前清協紀辨駁雖多奈業此卒少通人不惟不能一隅反三而且固執陋傳以致習俗難於移易嗚呼以趨吉避凶之道壞爲惑世誣民之書安得祖龍一炬而獨存善本永為天下後世造福哉是誠不可不再加辨駁以期小補於萬一也顧流傳日久不但隨地而異耳目難周即俗本紛披亦令人不勝討論本館所辦夫亦摘其最謬而聽人之所最惑者辨之而已矣以僞神煞目録鋟刻於左其辨文甚繁茲不能載別有專書係續刻

天河轉運尊帝二星○玉皇鑾駕○紫微帝星此從歲干起非天星○北辰帝星○據龍帝星○壓煞帝星○都天轉運行術帝星○五龍五庫并撥煞撥財帝星○三奇帝星都天寶照此選擇與理氣之天寶照有別○星馬貴人吉凶方位○周望仙人羅星○總聖金符四大利星○金精鼇極○雷霆睺氣○差方祿馬貴人○通天竅○走馬六壬○斗首五行○金烏玉兔○交經黄道○羅天大進退○巡山二十四神煞○天帝星破敗五鬼○宮星文昌一文魁魁各等星○生天太陽歲德合此以臨官位定之通天煞○支神退流財○刀砧火○七家血及○戊子煞○駟馬臨官馬前六害金華插命煞○歲厭天喜紅鸞五鬼八年衛神○皇天大煞通天大煞飛天大煞飛天獨火○穿山羅睺山家困龍天禁朱雀○坐山羅睺○巡山火○月遊火○劍峰煞○翎毛禁向○八山刀砧○九天朱雀山家朱雀○六十年空亡百二十年空亡五百年空亡○九良星占癘○太白遊日遊方○大煞白虎占宮畫霆白虎占宮○太歲姓名○滿德吉慶日○上吉日七八明日地虎不食日七聖日○天貴日旺相日及土公忌方○攔路虎日○五不遇日三不返日○土公下食日○火星日○絕滅烟火日○上兀下兀日○四不祥日○大敗六不成日○猖鬼破敗日○紅沙日○章光日○紅嘴朱雀日○橫天朱雀日○月忌日○楊公忌日○赤口日○二十八宿吉凶日○天聾地啞日○神在日○瘟鬼所在瘟鬼出入○容日○長星短星日○冰消瓦解滅門大禍日○十滿日○俗五合五離日○大小空亡天地空亡小六壬空亡天上大空亡○倒家煞及六畜倒欄煞○魯班刀砧日○暗刀煞○六畜肥日天良日太歲遊方冲欄煞方孤辰寡宿日○日流太歲○天星地曜日○山方煞冲丁煞○消滅日○天燥火地燥火○九醜日時○偽兔纏日時○俗天星吉時○五符九仙擇時○六

甲檢孫日及天門時○安灶吉凶日定局○窮鬼不并灶日○修造金樓天元總聖三元豬頭身壬五行壬運各適○本命陰陽的煞○五姓修宅○宅龍伏龍典龍遊龍土公郎公馬日羊黃豬牛羊胎占各葬忌○入宅九龍日○周公出行八天局取吉凶方○赤松子出行日○出行皇恩圖○天還圖○嫁娶男女厄年○嫁娶女命大小利月○嫁娶周堂圖及納婿豎造移居入宅安香六安床出柩除靈各種周堂○安壇三車○出坟壽木催屍煞○六道廻殃○俗掩撿擇日○掩撿安葬六十甲子的呼煞○安葬六山尅亡命○天地大重複日○三喪日○入地空亡冷地空亡落曠空亡寸土無光纏身官符化命帶祿○遁龍運山運○墓龍占塚○安葬五音選擇○出喪凶方○歲官交承○偷修○又凡神煞有同位異名者如浮天空亡為頭白空亡六害為陰中太歲黃黑道為明星黑星王官守相民推至十二位建除又刘朱雀貴人等名之類用其本稱則異說在所必去也

國曆

忌宜用事

祭祀宜天德月德天德合月德合天赦天願月恩四相時德天巫開日普護福生聖心益後續世**忌**天狗寅日**祈福宜**天德月德天德合月德合天赦天願月恩四相時德天巫開日普護福生聖心益後續世**忌**月建月破平日收日劫煞災煞月殺月刑月害月厭大時遊禍天吏四廢**又忌**祿空上朔等日見注條刑餘倣此**求嗣宜**天德月德天德合月德合天赦天願月恩四相時德開日益後續世**忌**月建月破平日收日劫煞災煞月煞月刑月害月厭大時遊禍天吏四廢**上表章**天德月德天德合月德合月空天赦天願臨日福德開日解神**忌**月建月破平日收日閉日劫煞災煞月煞月刑月害月厭大時天吏四廢往亡**宴會**親友天德月德天德合月德合天恩天赦天願月恩四同相時德王日民日三合福德天喜開日六合五合**忌**月破平日收日閉日劫煞災煞月煞月刑月害月厭四廢五離酉日**入學宜**成日開日**冠帶宜**定日**忌**月破平日收日劫煞災煞月煞月刑月厭大時天吏四廢五墓丑日**上官赴任宜**天德月德天德合月德合天赦天願月恩四相時德王日官日守日相日臨日建日吉期天喜開日**忌**月破平日收日滿日閉日劫煞災煞月煞月刑月厭大時天吏四廢歸忌日往亡**結婚姻宜**天德月德天德合月德合天赦天願月恩四相時德民日三合天喜六合五合**忌**月建日破平日收日滿日閉日劫煞災煞月煞月刑月害月厭大時天吏四廢四忌四窮五墓五離八專**納采問名宜**天德月德天德合月德合天赦天願月恩四相時德民日三合天喜**忌**月建月破平日收日滿日閉日劫煞災煞月煞月刑月害月厭大時天吏四廢四忌四窮五墓五離八專**嫁娶宜**天德月德天德合月德合天赦天願

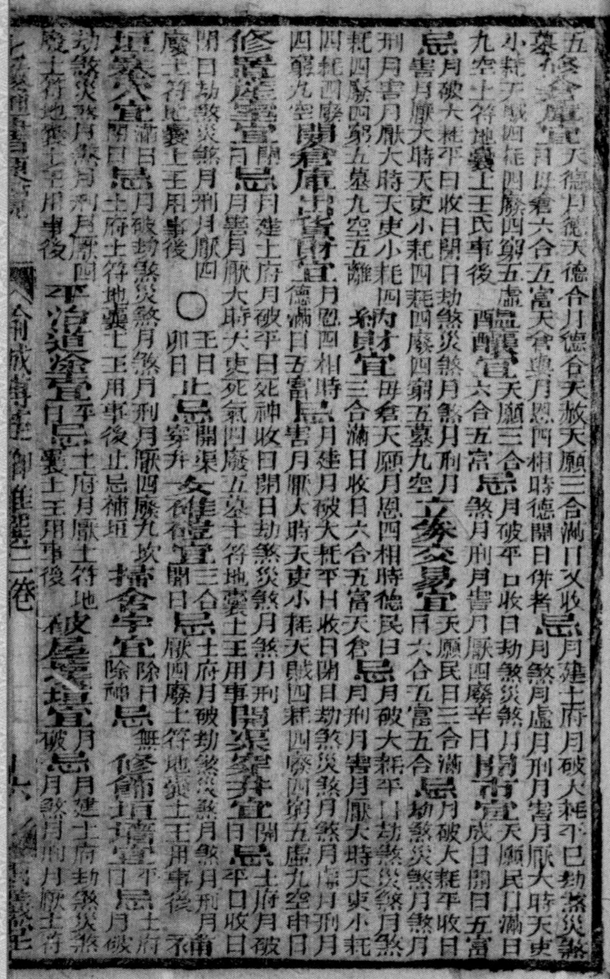

三合天喜六合不將忌月破平日收日開日劫煞災煞月煞月刑月害月厭厭對大時天吏四廢四忌四窮五墓往亡八專亥日進入口宜天願民日三合滿日收日六合天倉忌月破平日死神閉日劫煞災煞月煞月刑月害月厭大煞天吏四廢四窮五墓九空往亡般移宜天德月德天德合月德合天赦天願月恩四相時德民日驛馬天馬成日開日忌月破平日收日開日劫煞災煞月煞月害月厭大時天吏四廢五墓歸忌往亡安牀宜忌月破平日收日開日劫煞災煞月煞月刑月厭大時天吏四廢五墓申日解除宜天德月德天德合月德合天赦月恩四相時德除日解神除神忌月建平日死神收日劫煞災煞月煞月刑月厭八時遊禍天吏死氣四廢五墓沐浴宜除日解神除神亥子日忌伏社日求醫療病宜天德月德天德合月德合天嗣月恩四相時德天后除神日破日天醫開日解神除神忌月建平日死神收日滿日閉日劫煞災煞月煞月刑月害月厭大時遊禍天吏死氣四廢五墓往亡未日每月十五日朔弦望日療目忌閉日針刺忌血支血忌裁製裁衣同宜天德月德天德合月德合天赦天願月恩四相時德王日三合滿日開日復日忌月破平日收日劫煞災煞月煞月刑月厭四廢修宮室宜月恩四相時德三合福德開日忌月建土府月破平日收日閉日劫煞災煞月煞月刑月厭大時天吏四廢五墓土府地囊土王用事築隄防宜成日開日忌土府月破平日收日劫煞災煞月煞月刑月厭大時天吏四廢土府地囊土王用事後興造動土修造同宜天德月德天德合月德合天赦天願月恩四相時德三合開日忌月建土府月破平日收日閉日劫煞災煞月煞月刑月厭大時天吏四廢五墓土符地囊土王用事豎柱上梁宜天德月德天德合月德合天赦天願月恩四相時德三合開日忌月建月破平日收日閉日劫煞災煞月煞月刑月厭大時天吏四廢

五墓往亡修倉庫宜天德月德天德合月德合天赦天願三合滿日收母倉六合五富天倉與月恩四相時德開日併者忌月建土府月破大耗平日劫煞災煞月煞月虛月刑月害月厭大時天吏小耗天賊四耗四廢四窮五虛九空土符地囊土王用事後醞釀宜天願三合六合五富忌月破平日收日劫煞災煞月煞月刑月害月厭四廢辛日開市宜天願民日滿日成日開日五富忌月破大耗平日收日閉日劫煞災煞月煞月刑月害月厭大時天吏小耗四耗四廢四窮五墓九空立券交易宜天願民日三合滿日六合五富五合忌月破大耗平收日劫煞災煞月煞月刑月害月厭大時天吏小耗四耗四廢四窮五墓九空五離納財宜母倉天願月恩四相時德民日三合滿日收日六合五富天倉忌月破大耗平日收日閉日劫煞災煞月煞月刑月害月厭大時天吏小耗四耗四廢四窮九空開倉庫出貨財宜月恩四相時德滿日五富忌月建月破大耗平日收日閉日劫煞災煞月煞月虛月刑月害月厭大時天吏小耗天賊四耗四廢四窮五虛九空申日修置產室宜開日忌月建土府月破平日死神收日閉日劫煞災煞月煞月刑月害月厭大時天吏死氣四廢五墓土符地囊土王用事開渠穿井宜開日平日收日忌土府月破閉日劫煞災煞月煞月刑月厭四廢土符地囊土王用事後○壬日止忌開渠穿井卯日止忌作廁宜三合開日忌土府月破劫煞災煞月煞月刑月厭四廢土符地囊土王用事後除日修飾垣牆宜平日除神忌月破平日滿日忌月破劫煞災煞月煞月刑月厭四廢九坎捕捉平治道塗宜平日忌土府月厭土符地囊土王用事後破屋壞垣宜破日忌月建土府劫煞災煞月煞月刑月厭土符

地囊土王用事後 伐木宜 立冬後立春前危日午日申日 忌 月建月破月厭生氣 捕捉宜 執日收日 忌 往亡 畋獵宜 霜降後立春前執日危日收日 忌 天德月德天德合月德合

大寒後雨水後立夏前赦日收日危日 忌 天德月德天德合月德合天赦生氣招搖咸池八風九坎往亡觸水龍 乘船渡水 忌 招搖咸池八風九坎觸水龍 栽種宜 天德月德天德合月德合天赦母倉天願月恩四相時德民日開日五富 忌 月建土府月破平日死神劫煞災煞月煞月刑月厭地火大時天吏死氣四廢五墓九焦土符地囊乙日土王用事後 牧養宜 天德月德天德合月德合天赦母倉天願月恩四相時德民日開日五富 忌 月破平日死神劫煞災煞月煞月刑月害月厭大時天吏四廢五墓 納畜宜 天德月德天德合月德合天赦母倉天願民日三合收日六合五富天倉 忌 月破平日死神劫煞災煞月煞月刑月害月厭大時天吏四廢五墓 破土宜 鳴吠鳴吠對 忌 月建土府月破平日收日劫煞災煞月煞月刑月厭月害四廢五墓土符地囊復日重日土王用事後 安葬宜 天德月德天德合月德合天赦天願六合鳴吠 忌 月建月破平日收日劫煞災煞月煞月刑月害月厭四忌四窮五墓復日重日 啓攢宜 鳴吠對 忌 月建四破平日收日劫煞災煞月煞月刑月害月厭四廢五墓復日重日

○右用事與宜忌相爲經緯療目針刺無宜日與療病同也鼓鑄若蓋無宜日與修造同也遣迴乘船波水無宜日除所忌之外無日不宜也

一凡新立宅舍 或盡行折除舊宅倒堂豎造修主人眷既已出火避宅其起工只就坐上架馬若從主不出火避宅或坐宮或移宮但就所修之方擇吉方起工架馬或別擇吉架馬亦利若修作在往近空屋或在一百步之外起工架馬並不問吉凶方道

一凡原有舊宅淨盡折去月造謂之倒堂豎造與新立宅舍同擇吉方出火避宅從工作完備別擇吉年月入宅歸火

一凡定磉便爲立向修方如凡家不利須與豎造同月蓋豎造既得吉日則在前定磉雖得全吉之日吉多凶少亦可用至扇架則又輕於定磉矣

一凡修造橋梁僧尼院宇庵觀神廟開山立可修方並與民俗年月同

一凡新立宅舍向未歸火入宅即於宅新造牛欄馬枋羊棧猪窖等屋並不問年月方道如在百二十步之外須看年月方道無凶煞占方宜起手修作

一凡方道有三日陰方道曰陽方道曰交接方道陰方除者即中宮滴水門也陽方道者地基不與舊宅相接也交接方道者或前後左右屋宇與舊宅相連也如屋上起樓及架高井就簷滴水皆裏皆屬小宮 曰陰方只取中宮無煞得吉會爲大利如建亭台造軒間不進中宮名曰陽方只取外方向爲利如就屋起連接架增簷添簷補廊名曰交接方要內外俱有吉會方爲大利

一凡作宅據方隅而作方隅則當用作方法若開新基立棟宇或淨盡折道舊居而創新居則當用作山法然造作之事以人家居處爲本宮所居在所作百步外則新創者始可專用作山法若所居在所作百步內則雖新創亦當以作方法論之卻所居雖在所作百步之外但屋宇舊房門廊俱在則其宮已定不過補東而去西除舊而換新尚當用作方法但不在百步之外禍福輕耳故凡造作用作方法者多用作山法者少

一論方道遠近神煞京城府州縣寸金之地所用之方但隔街路作之不妨如小修葺並不問吉凶之方但有吉日餘即不畏若是鄉村之地修方道或隔大溪水人不得渡四時當流亦不問凶煞若隔小水溪澗常流不絕小煞不妨若居城市隔一街巷三五尺非自己地者方不犯方隅神煞如欲修造作樓台廊館雖是作一方取方道有吉神無凶煞作之不妨

一論入宅法山向中宮並無凶煞惟大門微有凶神吉卻用開門正門從左右作小門出入或開横門出入或移祖先福神香火暫駐吉方候凶神過後正向得利別擇吉月吉日或遇冬至或立春交接移入祖先福神香火奉祀遂開正門無妨

一論歸火與豎造同日惟有吉時家主先移祖先福神香

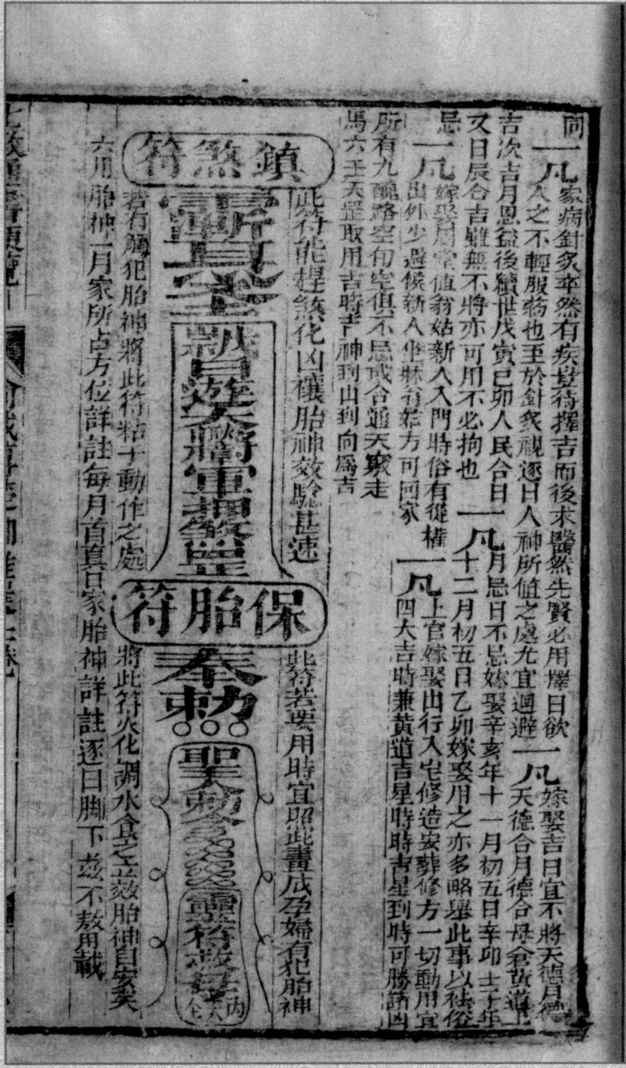

同
一凡家病針灸卒然有疾豈待擇吉而後求醫然先賢必用擇日欲
一凡久之不輕服藥也至於針灸視逐日人神所值之處尤宜迴避
吉次吉月恩盆後續世戊寅巳卯人民合日
又日辰合吉雖無不將亦可用不必拘也
忌
一凡出外少避候新人坐床翁姑方可回家
所有九醜路空旬空俱不忌或合遁天寰走
馬六壬天罡取用吉時吉神到山到向爲吉
一凡嫁娶吉日宜不將天德月德
一凡天德合月德合母倉黃道
一凡月忌日不忌嫁娶辛亥年十一月初五日辛卯
一凡十二月初五日乙卯嫁娶用之亦多略舉此事以被俗
一凡嫁娶周堂值翁姑新人入門時俗有從權
一凡上官嫁娶出行入宅修造安葬修方一切動用宜四大吉時兼黃道吉星時時吉星到時可勝諸凶

鎮煞符
此符能提煞化凶護胎神效驗甚速
若有觸犯胎神將此符粘于動作之處
保胎符
此符若要用時宜照此畫成孕婦有犯胎神
將此符火化調水食之立效胎神自安矣
六甲胎神一月家所占方位詳註每月首眞日家胎神詳註逐日脚下茲不教用載

火入宅俗謂先遷香火挨畢工後再擇吉日同家眷從吉方入宅如豎造之日不先移香
火入宅必待山向年日得利方可入宅歸火若豎造之日雖吉或犯歸忌九醜又須別擇
已歸香火入宅向後續造廳廊或久住宅舍又欲新安確開與修築等事只用修方法擇主
月其山家墓運陰府太歲並不必忌惟浮天空亡巡山羅睺及月家飛宮方道緊煞忌之
墓運墓正陰府太歲不尅山頭若浮天空亡天官符吉舍位並忌開山立向巡山羅睺或忌立向次論月
家飛宮天地官符忌開山立向次論月家飛宮天地官符忌開山立向又論山家墓運正陰府太歲日
時忌尅山如山家官符穿山羅睺天禁朱雀山家困龍並忌開山占星到則能制但用遁天甲鑾駕馬六壬
星馬貴人爲主尅擇利宜年月兼求三奇紫白祿馬貴人諸家帝星若有一吉神同到並照山向以
佐其吉修造則擇豎造吉日
安葬則擇破土吉日大吉
遁火盡七日之內擇日起工竪月
內擇日豎造並不問吉凶方道
凡蓋船造日忌天火
天賊八風破日
午六月癸未七月庚申八月辛酉九月戊戌十月巳亥十一月壬子十二月癸丑及四
廢日本命納音生旺日忌本命日本命對衝日建日破日重日日辰納音尅本命納音
年月要開山立向不犯年月家凶煞更得吉神蓋照日向部可用事若作即堂土推惟
擇吉日不問山向吉凶開曠砌金井宜四廢日旬中空亡月日及本命納音有氣日月
一凡入家修造
一凡內堂宅備
一凡造葬先
一凡看山家
一凡吉星到山爲蓋到方向爲照若吉星到山到向併中宮豎造安
一凡葬大利如修方對吉方上得吉星名曰吉星照方修作大利
一凡入山伐木起工架馬定
一凡竪扇架與豎造宅舍同
一凡新船下水與出行日同宜天德月德天
一凡德合月德合要安定成日忌觸水龍
一凡成造船隻日豎造宅舍吉日同忌
一凡火星天賊伏斷正四廢執破日
一凡合壽木宜木建日正月庚寅二月
一凡辛卯三月戊辰四月巳巳五月壬
一凡方
一凡裁砌生壙亦
一凡葬事選擇
一凡金井下傳月

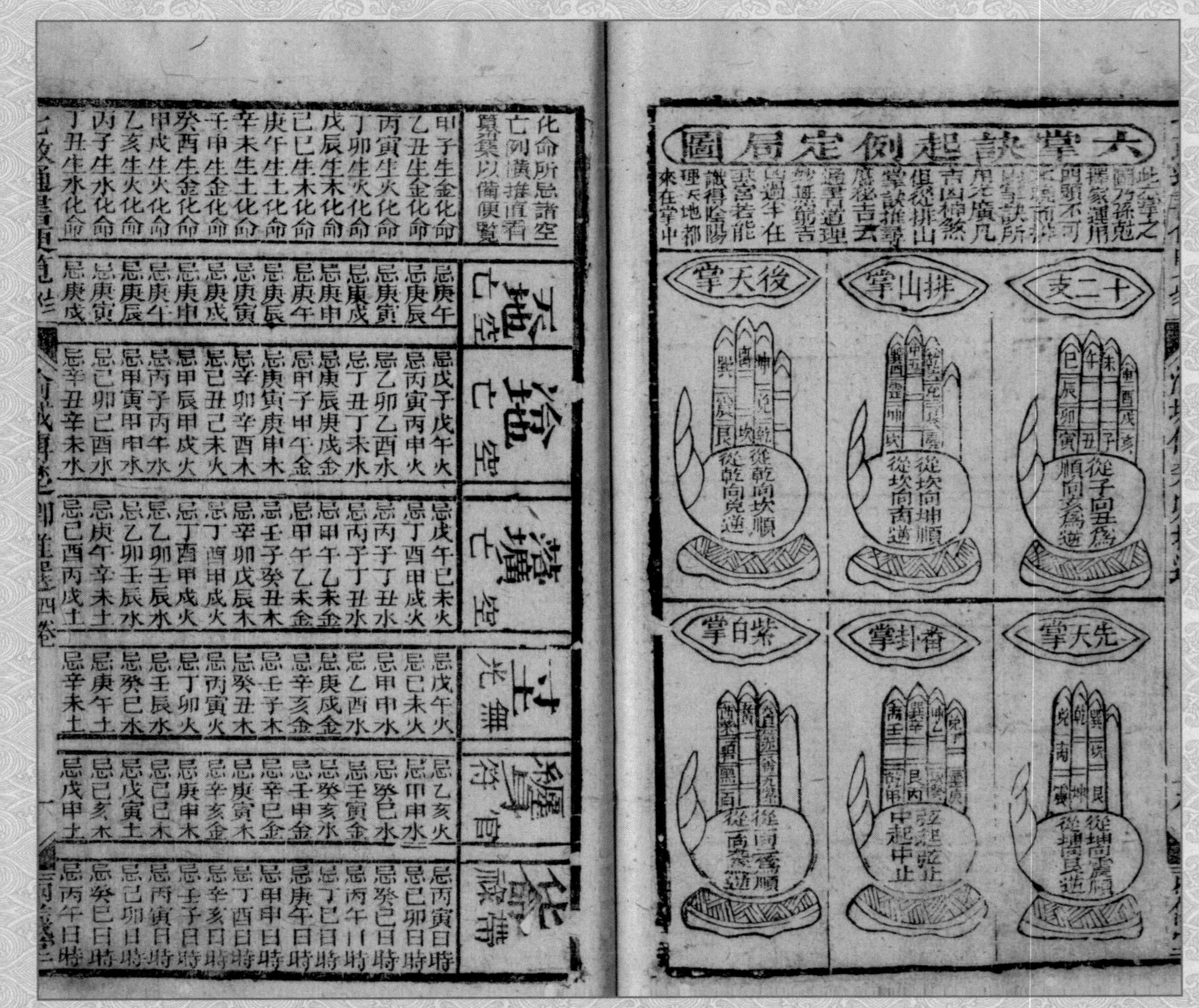

化命所忌諸空亡例橫推直看纂集以備便覽	甲子生金化命	乙丑生金化命	丙寅生火化命	丁卯生火化命	戊辰生木化命	己巳生木化命	庚午生土化命	辛未生土化命	壬申生金化命	癸酉生金化命	甲戌生火化命	乙亥生火化命	丙子生水化命	丁丑生水化命
天地空亡	忌庚午	忌庚辰	忌庚寅	忌庚戌	忌庚申	忌庚午	忌庚辰	忌庚寅	忌庚戌	忌庚申	忌庚午	忌庚辰	忌庚寅	忌庚戌
盆地空亡	忌戊子戊午火	忌丙寅丙申火	忌乙卯乙酉水	忌丁丑丁未水	忌庚辰庚戌金	忌甲子甲午金	忌庚寅庚申木	忌辛卯辛酉木	忌己丑己未火	忌甲辰甲戌火	忌丙子丙午水	忌甲寅甲申水	忌己卯己酉水	忌辛丑辛未水
湆壙空亡	忌戊午己未火	忌丁酉甲戌火	忌丙子丁丑水	忌丙子丁丑水	忌甲午乙未金	忌甲午乙未金	忌壬子癸丑木	忌辛卯戊辰木	忌丁酉甲戌火	忌丁酉甲戌火	忌乙卯壬辰水	忌乙卯壬辰水	忌庚午辛未土	忌己酉丙戌土
寸土無光	忌戊午火	忌己未火	忌甲申水	忌乙酉水	忌庚戌金	忌辛亥金	忌壬子木	忌癸丑木	忌丙寅火	忌丁卯火	忌壬辰水	忌癸巳水	忌庚午土	忌辛未土
纏身官符	忌乙亥火	忌甲申水	忌癸巳水	忌壬寅金	忌癸亥水	忌壬申金	忌辛巳金	忌庚寅木	忌辛亥金	忌庚申木	忌己巳木	忌戊寅土	忌己亥木	忌戊申土
化命帶殺	忌丙寅日時	忌己卯日時	忌癸巳日時	忌丙午日時	忌丁巳日時	忌庚午日時	忌甲申日時	忌丁酉日時	忌辛亥日時	忌壬子日時	忌丙寅日時	忌己卯日時	忌癸巳日時	忌丙午日時

六掌訣起例定局圖

此六掌之圖乃孫苑擇家運用門頭不可[illegible]境而排[illegible]尋訣所用之廣凡吉凶神煞俱從排山掌訣推尋應驗吉去通書道理[illegible]甚能言凶過半在二宮若能識得陰陽理天地都來在掌中

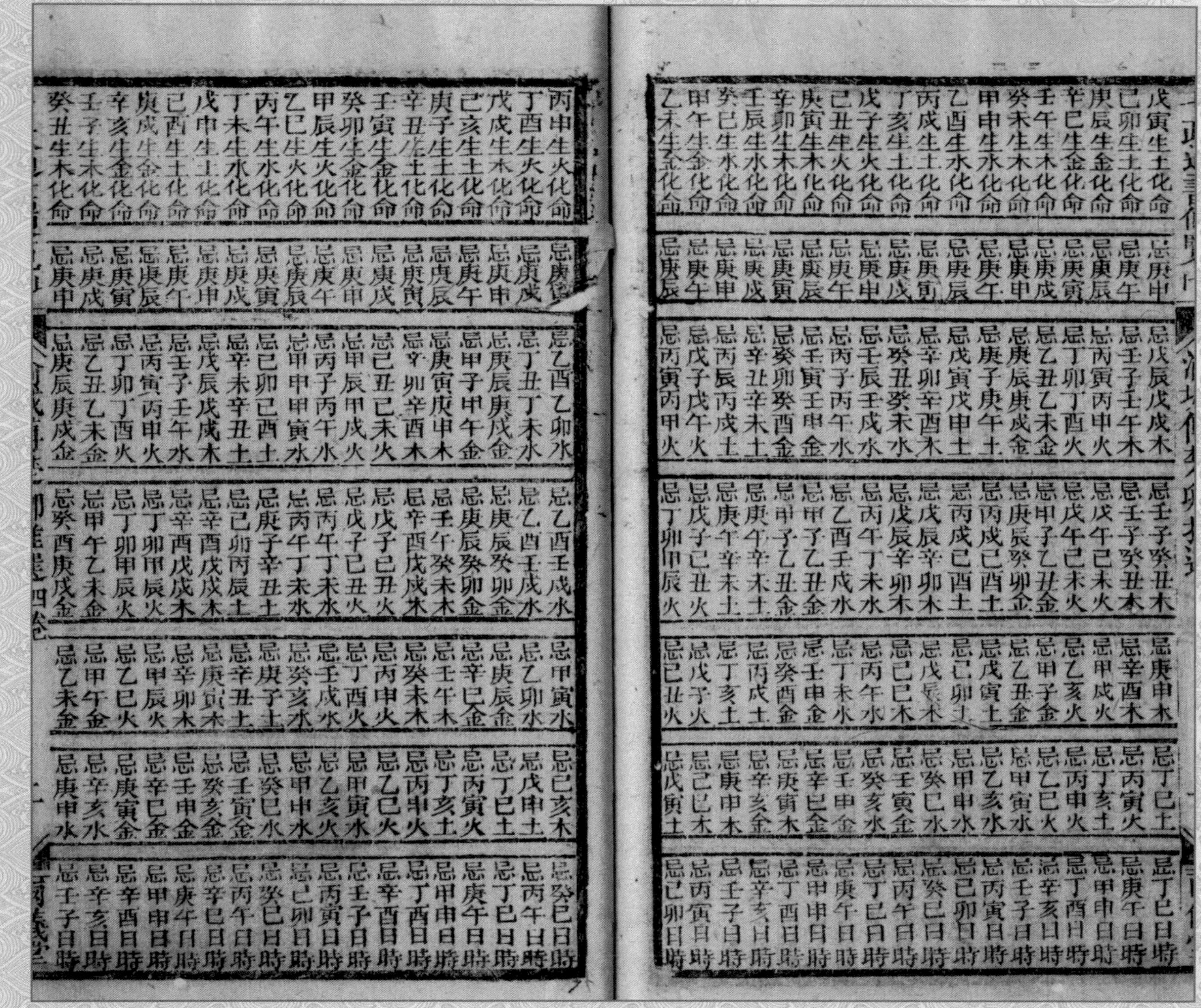

戊寅生土化命	忌庚申	忌戊辰戊戌木	忌壬子癸丑木	忌庚申木	忌丁巳土	忌丁巳日時
己卯生土化命	忌庚午	忌壬子壬午木	忌壬子癸丑木	忌辛酉木	忌丙寅火	忌庚午日時
庚辰生金化命	忌庚辰	忌丙寅丙申火	忌戊午己未火	忌甲戌火	忌丁亥土	忌甲申日時
辛巳生金化命	忌庚寅	忌丁卯丁酉火	忌戊午己未火	忌乙亥火	忌丙申火	忌丁酉日時
壬午生木化命	忌庚戌	忌乙丑乙未金	忌甲子乙丑金	忌甲子金	忌乙巳火	忌辛亥日時
癸未生木化命	忌庚申	忌庚辰庚戌金	忌庚辰癸卯金	忌乙丑金	忌甲寅水	忌壬子日時
甲申生水化命	忌庚午	忌庚子庚午土	忌丙戌己酉土	忌戊寅土	忌乙亥水	忌丙寅日時
乙酉生水化命	忌庚辰	忌戊寅戊申土	忌丙戌己酉土	忌己卯土	忌甲申水	忌己卯日時
丙戌生土化命	忌庚寅	忌辛卯辛酉木	忌戊辰辛卯木	忌戊辰木	忌癸巳水	忌癸巳日時
丁亥生土化命	忌庚戌	忌癸丑癸未水	忌戊辰辛卯木	忌己巳木	忌壬寅金	忌丙午日時
戊子生火化命	忌庚申	忌壬辰壬戌水	忌丙午丁未水	忌丙午水	忌癸巳水	忌丁巳日時
己丑生火化命	忌庚午	忌丙子丙午水	忌乙酉壬戌水	忌丁未水	忌壬申金	忌庚午日時
庚寅生木化命	忌庚辰	忌壬寅壬申金	忌甲子乙丑金	忌壬申金	忌辛巳金	忌甲申日時
辛卯生木化命	忌庚寅	忌癸卯癸酉金	忌甲子乙丑金	忌癸酉金	忌庚寅木	忌丁酉日時
壬辰生水化命	忌庚戌	忌辛丑辛未土	忌庚午辛未土	忌丙戌土	忌辛亥金	忌辛亥日時
癸巳生水化命	忌庚申	忌丙辰丙戌土	忌庚午辛未土	忌丁亥土	忌庚申木	忌壬子日時
甲午生金化命	忌庚午	忌戊子戊午火	忌戊子己丑火	忌戊子火	忌己巳木	忌丙寅日時
乙未生金化命	忌庚辰	忌丙寅丙甲火	忌丁卯甲辰火	忌己丑火	忌戊寅土	忌己卯日時
丙申生火化命	忌庚寅	忌乙酉乙卯水	忌乙酉壬戌水	忌甲寅水	忌己亥木	忌癸巳日時
丁酉生火化命	忌庚戌	忌丁丑丁未水	忌乙酉壬戌水	忌乙卯水	忌戊申土	忌丙午日時
戊戌生木化命	忌庚申	忌庚辰庚戌金	忌庚辰癸卯金	忌庚辰金	忌丁巳土	忌丁巳日時
己亥生土化命	忌庚午	忌甲子甲午金	忌庚辰癸卯金	忌辛巳金	忌丙寅火	忌庚午日時
庚子生土化命	忌庚辰	忌庚寅庚申木	忌壬午癸未木	忌壬午木	忌丁亥土	忌甲申日時
辛丑生土化命	忌庚寅	忌辛卯辛酉木	忌辛酉戊戌木	忌癸未木	忌丙申火	忌丁酉日時
壬寅生金化命	忌庚戌	忌己丑己未火	忌戊子己丑火	忌丙申火	忌乙巳火	忌辛酉日時
癸卯生金化命	忌庚申	忌甲辰甲戌火	忌戊子己丑火	忌丁酉火	忌甲寅水	忌壬子日時
甲辰生火化命	忌庚午	忌丙子丙午水	忌丙午丁未水	忌壬戌水	忌乙亥火	忌丙寅日時
乙巳生火化命	忌庚辰	忌甲申甲寅水	忌丙午丁未水	忌癸亥水	忌甲申水	忌己卯日時
丙午生水化命	忌庚寅	忌己卯己酉土	忌庚子辛丑土	忌庚子土	忌癸巳水	忌癸巳日時
丁未生水化命	忌庚戌	忌辛未辛丑土	忌己卯丙辰土	忌辛丑土	忌壬寅金	忌丙午日時
戊申生土化命	忌庚申	忌戊辰戊戌木	忌辛酉戊戌木	忌庚寅木	忌癸亥金	忌辛巳日時
己酉生土化命	忌庚午	忌壬子壬午水	忌辛酉戊戌木	忌辛卯木	忌壬申金	忌庚午日時
庚戌生金化命	忌庚辰	忌丙寅丙申火	忌丁卯甲辰火	忌甲辰火	忌辛巳金	忌甲申日時
辛亥生金化命	忌庚寅	忌丁卯丁酉火	忌丁卯甲辰火	忌乙巳火	忌庚寅金	忌辛酉日時
壬子生木化命	忌庚戌	忌乙丑乙未金	忌甲午乙未金	忌甲午金	忌辛亥水	忌辛亥日時
癸丑生木化命	忌庚申	忌庚辰庚戌金	忌癸酉庚戌金	忌乙未金	忌庚申水	忌壬子日時

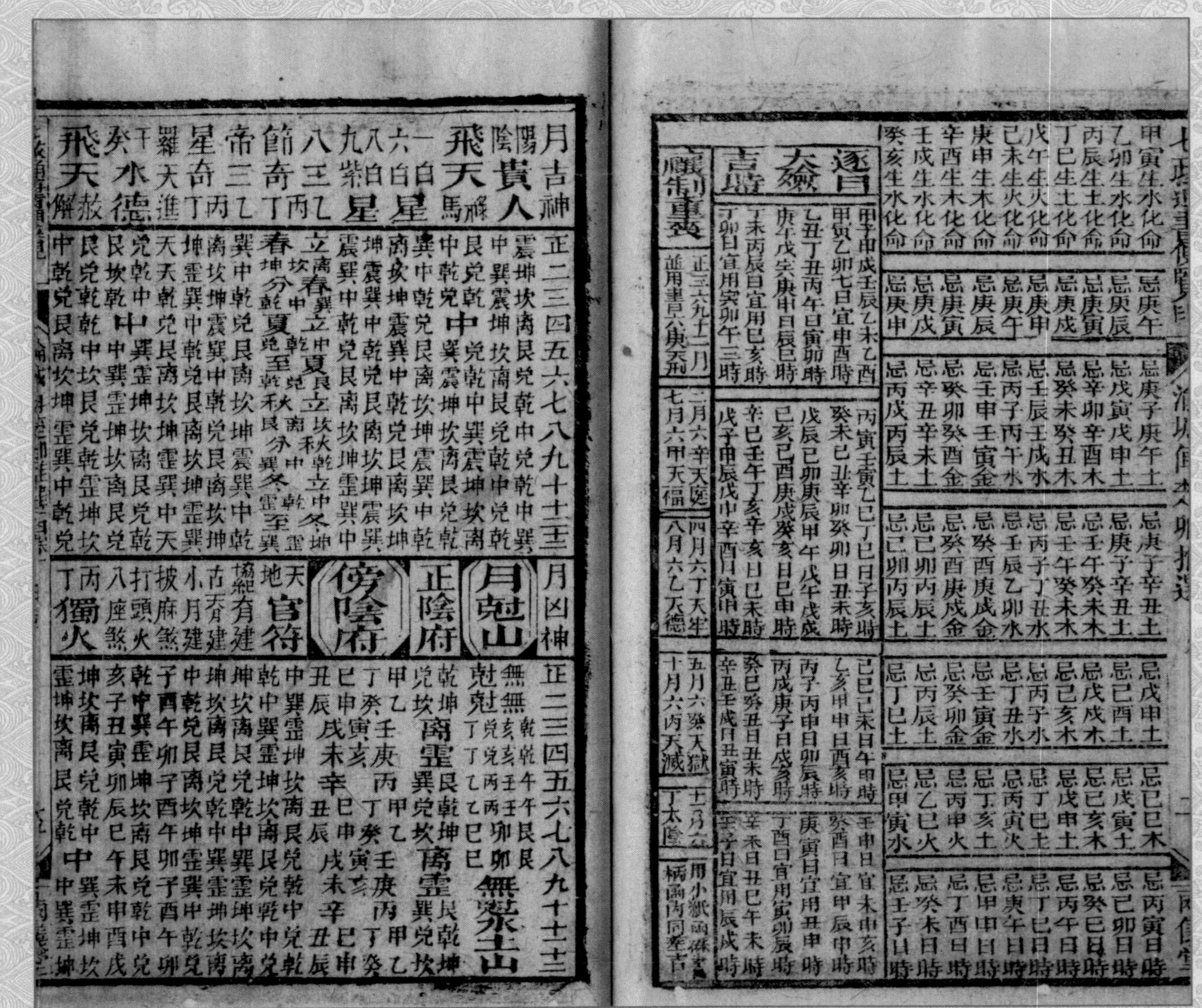

七政[illegible]

甲寅生水化命 忌庚午 忌庚子庚午土 忌庚子辛丑土 忌戊申土 忌己巳木 忌丙寅日時
乙卯生水化命 忌庚辰 忌戊寅戊申土 忌庚子辛丑土 忌己酉土 忌戊寅土 忌己卯日時
丙辰生土化命 忌庚寅 忌辛卯辛酉木 忌壬午癸未木 忌戊戌木 忌己亥木 忌癸巳日時
丁巳生土化命 忌庚戌 忌癸未癸丑木 忌壬午癸未木 忌己亥木 忌戊申土 忌丙午日時
戊午生火化命 忌庚申 忌壬辰壬戌水 忌丙子丁丑水 忌丙子水 忌丁巳土 忌丁巳日時
己未生火化命 忌庚午 忌丙子丙午水 忌壬辰乙卯水 忌丁丑水 忌丙寅火 忌庚午日時
庚申生木化命 忌庚辰 忌壬申壬寅金 忌癸酉庚戌金 忌壬寅金 忌丁亥土 忌甲申日時
辛酉生木化命 忌庚寅 忌癸卯癸酉金 忌癸酉庚戌金 忌癸卯金 忌丙申火 忌丁酉日時
壬戌生水化命 忌庚戌 忌辛丑辛未土 忌己卯丙辰土 忌丙辰土 忌乙巳火 忌癸未日時
癸亥生水化命 忌庚申 忌丙戌丙辰土 忌己卯丙辰土 忌丁巳土 忌甲寅水 忌壬子日時

逐日天乙吉時

甲子申戌壬辰乙未乙酉
甲寅乙卯七日宜申酉時
乙丑丁丑丙午日宜寅卯時
庚午戊寅庚申日辰巳時
丁未丙辰日宜用巳亥時
丁卯日宜用寅卯午三時

丙寅壬寅乙巳丁巳日子亥時
癸未己丑辛卯癸卯日丑未時
戊辰己卯庚辰甲午戊午戊戌
己亥己酉庚戌癸亥日巳申時
辛巳壬午丁亥辛亥日巳未時
戊子甲辰戊申辛酉日寅申時

己巳己未日午申時
乙亥甲申日酉亥時
丙子丙申日卯辰時
丙戌庚子日戌亥時
癸巳癸丑日丑未時
辛丑壬戌日丑寅時

壬申日宜未申亥時
癸酉日宜申辰申時
庚寅日宜用丑申時
丁酉日宜用寅卯辰時
辛未日丑巳午未時
壬子日宜用辰戌時

[illegible]

正三六九十二月 並用晝戶六庚天刑
二月六辛天庭 七月六甲天福
四月六丁天牢 八月六乙天德
五月六癸天獄 十月六丙天滅
十二月六丁太陰
用小獄兩[illegible] 柄兩丙同牽吉

月吉神 正二三四五六七八九十十一十二
陽貴人 震坤坎離艮兌乾中兌乾中巽
陰貴人 中巽震坤坎離艮兌乾中兌乾
飛天祿 艮兌乾中兌乾中巽震坤坎離
飛天馬 中乾兌中巽震坤坎離艮兌乾
一白 巽中乾兌艮離坎坤震巽中乾
六白 離坎坤震巽中乾兌艮離坎坤
八白 坤震巽中乾兌艮離坎坤震巽
九紫 震巽中乾兌艮離坎坤震巽中
八節三奇 乙丙丁 立春 離坎中 立夏 巽中乾兌 立秋 艮離坎乾 立冬 中坤
帝三奇 乙丙丁 春分 坤坎乾中 夏至 兌乾 秋分 艮離巽中 冬至 乾巽
星奇 巽中乾兌艮離坎坤震巽中乾
羅天進 離坎坤震巽中乾兌艮離坎坤
干水德 坤震巽中乾兌艮離坎坤震巽
癸水赦 天天乾兌艮離坎坤震巽中天
飛天解 兌乾中巽震坤坎離艮兌乾
艮坎乾中中巽震坤坎離艮兌
艮兌乾乾中坎艮兌乾震坤坎
中乾兌艮離坎坤震巽中乾兌

月凶神 正二三四五六七八九十十一十二
月剋山 無 乾乾午午艮艮 無 戊己土山
無 亥亥壬壬卯卯
剋 兌兌丙丙巳巳
剋 丁丁乙乙巳巳
正陰府 乾坤 離 艮乾坤 離 艮乾坤
兌坎 震 巽兌坎 震 巽兌坎
傍陰府 甲乙 庚 丙 甲乙 庚 丙 甲乙
丁癸 寅亥 壬 丁癸 寅亥 壬 丁癸
巳申 戊未 辛 巳申 戊未 辛 巳申
丑辰 丑辰 丑辰
天官符 中巽坤坎離艮兌乾中兌乾中
地官符 乾中巽坤坎離艮兌乾中兌乾
協紀有建 坤坎離艮兌乾中巽坤坎離
古吞有建 坤坎離艮兌乾中巽坤坎離
小月建 中乾兌艮離坎坤震巽中乾兌
披麻煞 子酉午卯子酉午卯子酉午卯
打頭火 乾中巽震坤坎離艮兌乾中兌
八座煞 亥子丑寅卯辰巳午未申酉戌
丙獨火 坤坎離艮兌乾中巽震坤坎
丁獨火 震坤坎離艮兌乾中中巽震坤

飛天德 月德：壬坎中巽坎中壬坎巽坤坎中　坤艮壬兌坤艮坎兌

節天德 月德：乾艮震壬巽離巽坤艮離乾坎　中乾坤兌中巽坎壬

飛催官 日恩：坎離艮離艮兌坎離艮艮艮兌　艮艮坎艮乾艮艮艮巽艮乾坤

天尊帝星：壬巽乾兌艮離坎坤壬巽乾兌　兌乾巽壬坤坎離艮兌乾巽壬

玉清印星：坎艮坤離乾壬兌巽坎艮坤離　離坤艮坎巽兌壬乾離坤艮坎

三元太陽 三元太陰：壬坤坎離艮兌乾中巽壬坤坎　中巽壬坤坎離艮兌乾中巽壬

三福德 元龍德：坤坎離艮坎離艮兌壬坤坎離　離艮兌乾中巽壬坤坎離艮兌

歷太節 數陽氣：壬乾辛庚坤丁丙巽乙甲艮癸　亥戌酉申未午巳辰卯寅丑子

天帝氣節：艮甲乙巽丙丁坤申辛乾壬癸　寅卯辰巳午未申酉戌亥子丑

天德 月德神：丁坤壬辛乾甲癸艮丙乙巽庚　丙甲庚丙壬庚甲壬

暗刃煞

逆山火　飛天火　月遊火　羅天退　宮震煞氣節　朱雀　雷霆　三喪門　三白虎　元弔客　隱病符　伏兵順　昇兵逆　元劍逆　飢渴

乾坤坎坎中壬壬兌艮艮艮乾　乾中兌乾中巽壬坤坎離艮兌　兌艮離坎坤壬巽中乾兌艮離　坤坎離艮兌乾中天天天巽壬　中坎坎巽兌中中艮

午未申酉戌亥子丑寅卯辰巳　門羊奴雞犬豬雞牛歷灶倉倉　碌棧婢酒樓碉堂欄音廚塵庫

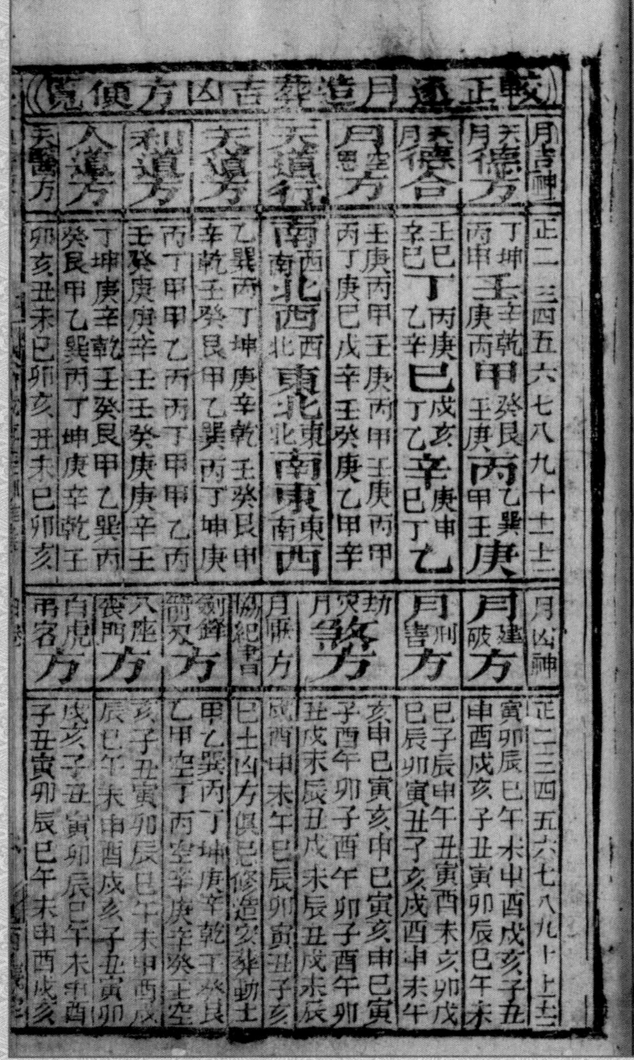

較正通月造葬吉凶方便覽

月吉神	正	二	三	四	五	六	七	八	九	十	十一	十二
天德方	丁	坤	壬	辛	乾	甲	癸	艮	丙	乙	巽	庚
月德方	丙	甲	壬	庚	丙	甲	壬	庚	丙	甲	壬	庚
天德合	壬	巳	丁	丙	庚	巳	戊	亥	辛	庚	申	乙
月德合	辛	巳	丁	乙	辛	巳	丁	乙	辛	巳	丁	乙
月空方	壬	庚	丙	甲	壬	庚	丙	甲	壬	庚	丙	甲
月恩	丙	丁	庚	巳	戊	辛	壬	癸	庚	乙	甲	辛
天道行	南	西南	北	西	西北	東	北	東北	南	東	東南	西
天道方	乙巽	丙	丁	坤	庚	辛	乾	壬	癸	艮	甲	
天道方	辛	乾	壬	癸	艮	甲	乙	巽	丙	丁	坤	庚
利道方	丙	丁	甲	甲	乙	丙	丙	丁	甲	甲	乙	丙
利道方	壬	癸	庚	庚	辛	壬	壬	癸	庚	庚	辛	壬
人道方	丁	坤	庚	辛	乾	壬	癸	艮	甲	乙	巽	丙
人道方	癸	艮	甲	乙	巽	丙	丁	坤	庚	辛	乾	壬
天醫方	卯	亥	丑	未	巳	卯	亥	丑	未	巳	卯	亥

月凶神	正	二	三	四	五	六	七	八	九	十	十一	十二
月建方	寅	卯	辰	巳	午	未	申	酉	戌	亥	子	丑
月破方	申	酉	戌	亥	子	丑	寅	卯	辰	巳	午	未
月刑方	巳	子	辰	申	午	丑	寅	酉	未	亥	卯	戌
月害方	巳	辰	卯	寅	丑	子	亥	戌	酉	申	未	午
劫煞方	亥	申	巳	寅	亥	申	巳	寅	亥	申	巳	寅
災煞方	子	酉	午	卯	子	酉	午	卯	子	酉	午	卯
月煞方	丑	戌	未	辰	丑	戌	未	辰	丑	戌	未	辰
月厭方	戌	酉	申	未	午	巳	辰	卯	寅	丑	子	亥
陰紀書	巳土凶方與巳修造安葬動土											
劍鋒方	甲	乙	巽	丙	丁	坤	庚	辛	乾	壬	癸	艮
飛刃方	乙	甲	空	丁	丙	空	辛	庚	空	癸	壬	空
大煞方	亥	子	丑	寅	卯	辰	巳	午	未	申	酉	戌
喪門方	辰	巳	午	未	申	酉	戌	亥	子	丑	寅	卯
白虎方	戌	亥	子	丑	寅	卯	辰	巳	午	未	申	酉
弔客方	子	丑	寅	卯	辰	巳	午	未	申	酉	戌	亥

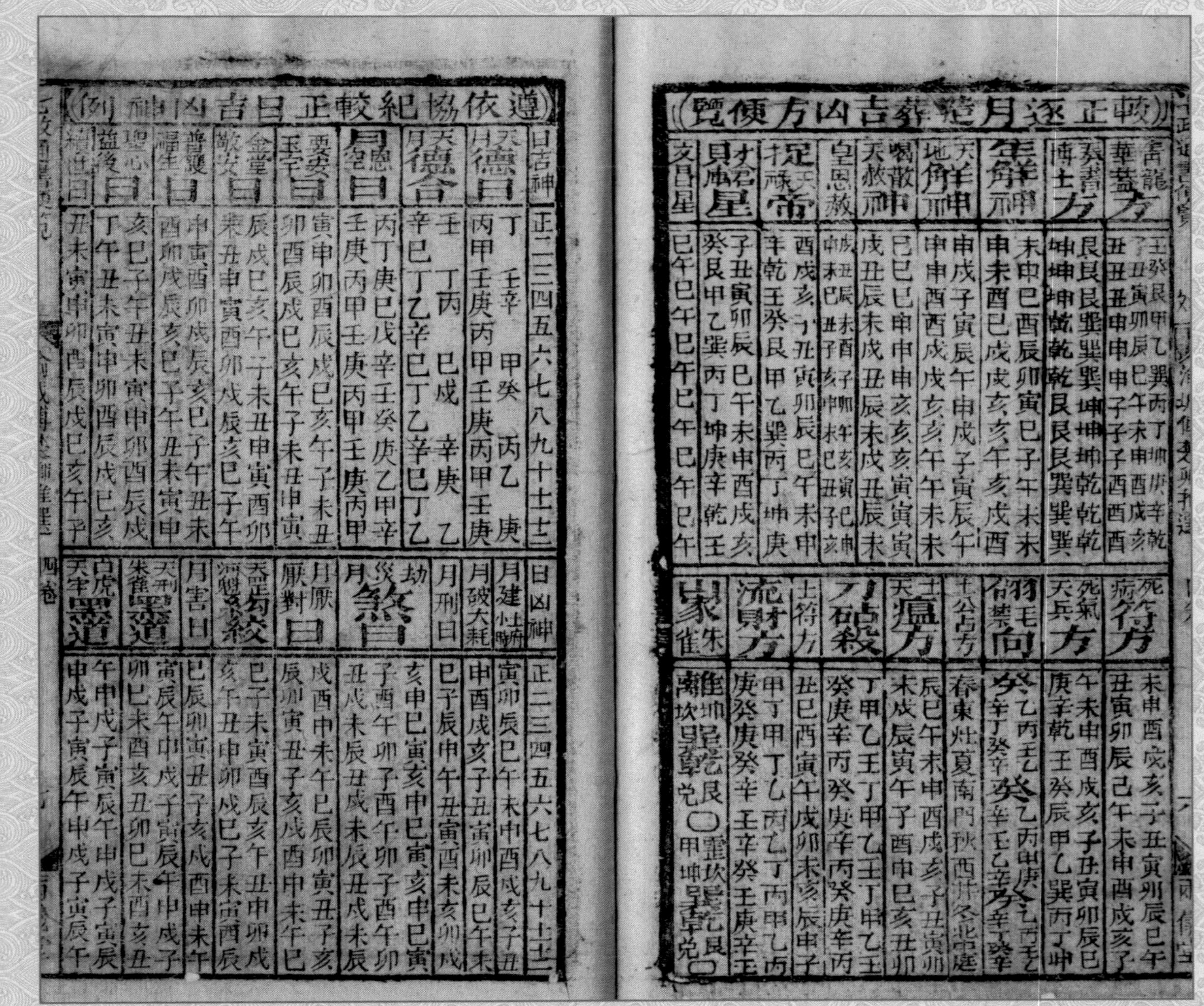

遵依協紀較正日吉凶神例

較正逐月造葬吉凶方便覽

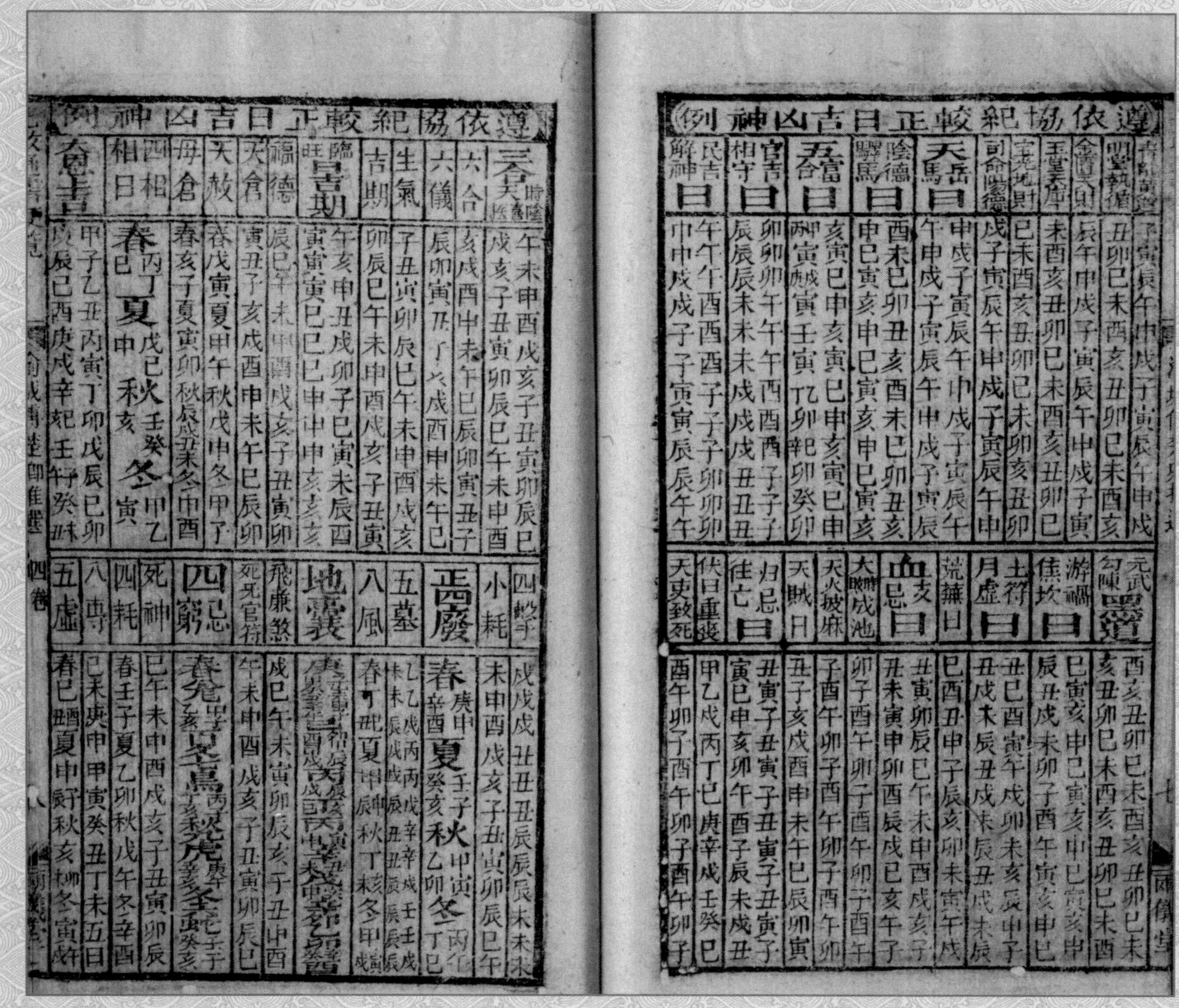

遵依協紀較正日吉凶神例

青龍黃道 子寅辰午申戌子寅辰午申戌
明堂執儲 丑卯巳未酉亥丑卯巳未酉亥
金匱天財 辰午申戌子寅辰午申戌子寅
玉堂天庫 未酉亥丑卯巳未酉亥丑卯巳
寶光地財 巳未酉亥丑卯巳未酉亥丑卯
司命陽德 戌子寅辰午申戌子寅辰午申
天岳 申戌子寅辰午申戌子寅辰午
天馬日 午申戌子寅辰午申戌子寅辰
陰德日 酉未巳卯丑亥酉未巳卯丑亥
驛馬 申巳寅亥申巳寅亥申巳寅亥
五富日 亥寅巳申亥寅巳申亥寅巳申
五合 丙寅丁卯 戊寅己卯 壬寅 乙卯 己卯 癸卯
官吉日 卯卯卯午午午酉酉酉子子子
相守 辰辰辰未未未戌戌戌丑丑丑
民吉日 午午午酉酉酉子子子卯卯卯
解神 申申戌戌子子寅寅辰辰午午

元武 酉亥丑卯巳未酉亥丑卯巳未
勾陳黑道 亥丑卯巳未酉亥丑卯巳未酉
游禍 巳寅亥申巳寅亥申巳寅亥申
焦坎日 辰丑戌未卯子酉午寅亥申巳
土符 丑巳酉寅午戌卯未亥辰申子
月虛日 丑戌未辰丑戌未辰丑戌未辰
荒蕪日 巳酉丑申子辰亥卯未寅午戌
血支 丑寅卯辰巳午未申酉戌亥子
血忌日 丑未寅申卯酉辰戌巳亥午子
大敗咸池 卯子酉午卯子酉午卯子酉午
天火披麻 子酉午卯子酉午卯子酉午卯
天賊日 丑子亥戌酉申未午巳辰卯寅
歸忌 丑寅子丑寅子丑寅子丑寅子
往亡日 寅巳申亥卯午酉子辰未戌丑
伏日重喪 甲乙戊丙丁巳庚辛戊壬癸巳
天吏致死 酉午卯子酉午卯子酉午卯子

遵依協紀較正日吉凶神例

三合 午未申酉戌亥子丑寅卯辰巳
天喜 戌亥子丑寅卯辰巳午未申酉
六合 亥戌酉申未午巳辰卯寅丑子
六儀 辰卯寅丑子亥戌酉申未午巳
生氣 子丑寅卯辰巳午未申酉戌亥
吉期 卯辰巳午未申酉戌亥子丑寅
臨日 午亥申丑戌卯子巳寅未辰酉
旺日 寅寅寅巳巳巳申申申亥亥亥
福德 辰巳午未申酉戌亥子丑寅卯
天倉 寅丑子亥戌酉申未午巳辰卯
天赦 春戊寅 夏甲午 秋戊申 冬甲子
母倉 春亥子 夏寅卯 秋辰戌丑未 冬申酉
四相 春丙丁 夏戊己 秋壬癸 冬甲乙
相日 春巳 夏申 秋亥 冬寅
天恩吉 甲子乙丑丙寅丁卯戊辰己卯 庚辰辛巳壬午癸未己酉庚戌辛亥壬子癸丑

四擊 戌戌戌丑丑丑辰辰辰未未未
小耗 未申酉戌亥子丑寅卯辰巳午
四廢 春庚申辛酉 夏壬子癸亥 秋甲寅乙卯 冬丙午丁巳
五墓 乙未乙未戊辰丙戌丙戌戊辰辛丑辛丑戊辰壬辰壬辰戊辰
八風 春丁丑己酉 夏甲辰甲申 秋丁未己卯 冬甲戌甲寅
地囊 [illegible]
飛廉煞 戌巳午未寅卯辰亥子丑申酉
死炁官符 午未申酉戌亥子丑寅卯辰巳
四忌 春甲子 夏丙子 秋庚子 冬壬子
四窮 春乙亥 夏丁亥 秋辛亥 冬癸亥
死神 巳午未申酉戌亥子丑寅卯辰
四耗 春壬子 夏乙卯 秋戊午 冬辛酉
八專 己未庚申甲寅癸丑丁未五日
五虛 春巳酉丑 夏申子辰 秋亥卯未 冬寅午戌

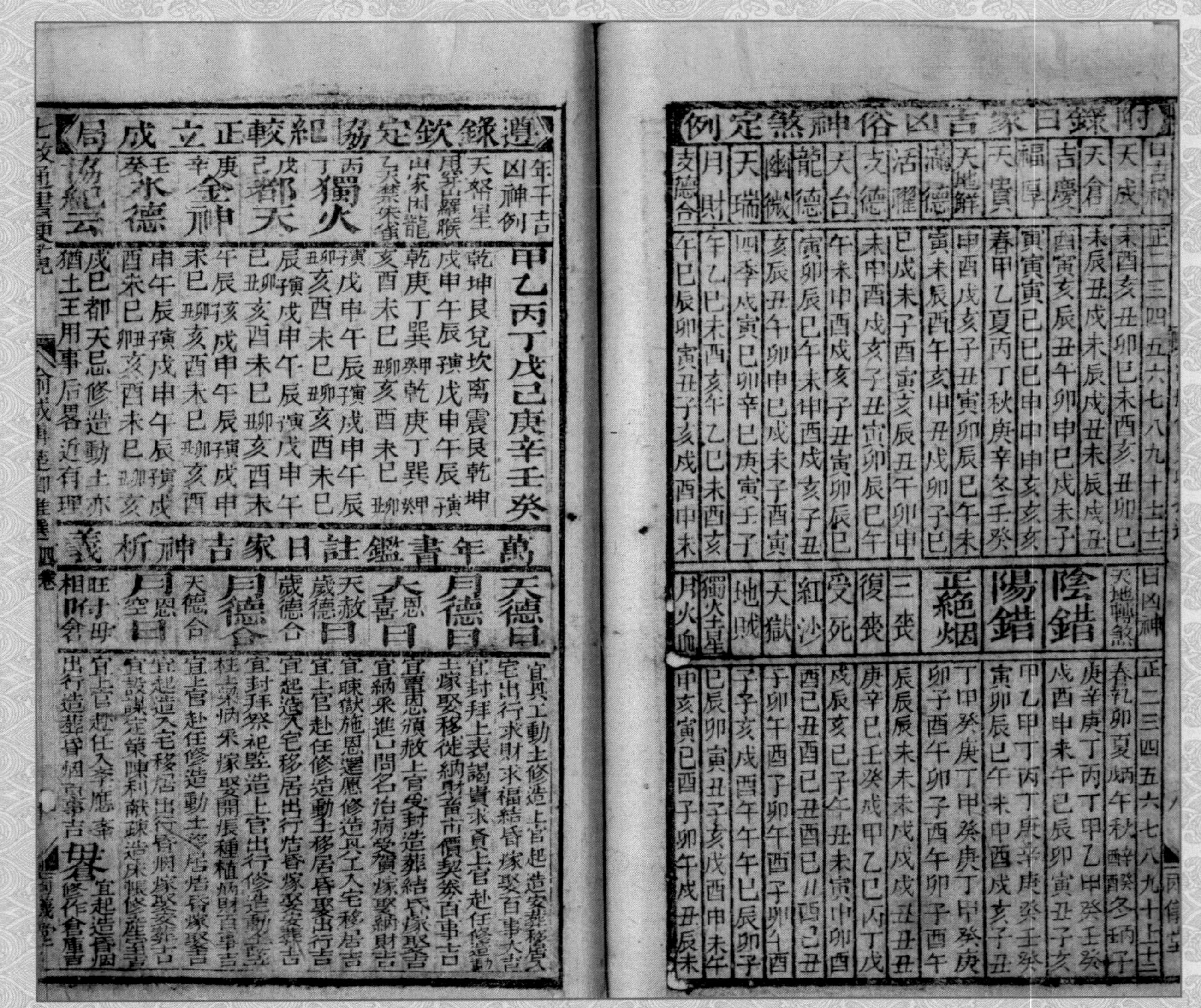

附錄日家吉凶俗神煞定例

日吉神	正	二	三	四	五	六	七	八	九	十	十一	十二
天成	未	酉	亥	丑	卯	巳	未	酉	亥	丑	卯	巳
天倉	未	辰	丑	戌	未	辰	戌	丑	未	辰	戌	丑
吉慶	酉	寅	亥	辰	丑	午	卯	申	巳	戌	未	子
福厚	寅	寅	寅	巳	巳	巳	申	申	申	亥	亥	亥
天貴	春甲	乙	夏丙	丁	秋庚	辛	冬壬	癸				
天解	申	酉	戌	亥	子	丑	寅	卯	辰	巳	午	未
滿德	寅	未	辰	酉	午	亥	申	丑	戌	卯	子	巳
活曜	巳	戌	未	子	酉	寅	亥	辰	丑	午	卯	申
支德	未	申	酉	戌	亥	子	丑	寅	卯	辰	巳	午
天台	午	未	申	酉	戌	亥	子	丑	寅	卯	辰	巳
龍德	寅	卯	辰	巳	午	未	申	酉	戌	亥	子	丑
幽微	亥	辰	丑	午	卯	申	巳	戌	未	子	酉	寅
天瑞	四季	戊寅	己卯	辛巳	庚寅	壬子						
月財	午	乙	巳	未	酉	亥	午	乙	巳	未	酉	亥
支德合	午	巳	辰	卯	寅	丑	子	亥	戌	酉	申	未

日凶神	正	二	三	四	五	六	七	八	九	十	十一	十二
天地轉煞	春乙卯	夏丙午	秋辛酉	冬壬子								
陰錯	庚戌	辛酉	庚申	丁未	丙午	丁巳	甲辰	乙卯	甲寅	癸丑	壬子	癸亥
陽錯	甲寅	乙卯	甲辰	丁巳	丙午	丁未	庚申	辛酉	庚戌	癸亥	壬子	癸丑
絕烟	丁卯	甲子	癸酉	庚午	丁卯	甲子	癸酉	庚午	丁卯	甲子	癸酉	庚午
三喪	辰	辰	辰	未	未	未	戌	戌	戌	丑	丑	丑
復喪	庚	辛	巳	壬	癸	戊	甲	乙	巳	丙	丁	戊
受死	戌	辰	亥	巳	子	午	丑	未	寅	申	卯	酉
紅沙	酉	巳	丑	酉	巳	丑	酉	巳	丑	酉	巳	丑
天獄	子	卯	午	酉	子	卯	午	酉	子	卯	午	酉
地賊	子	子	亥	戌	酉	午	午	巳	辰	卯	子	
獨火土星	巳	辰	卯	寅	丑	子	亥	戌	酉	申	未	午
月火血	申	亥	寅	巳	酉	子	卯	午	戌	丑	辰	未

遵錄欽定協紀較正立成局

年干吉凶神例	甲	乙	丙	丁	戊	己	庚	辛	壬	癸
天祭星	乾	坤	艮	兌	坎	離	震	艮	乾	坤
月孛羅睺	戊	申	午	辰	寅	戊	申	午	辰	寅
山家困龍	乾	庚	丁	巽	坤壬	乾	庚	丁	巽	坤壬
乙丙禁朱雀	亥	酉	未	巳	丑卯	亥	酉	未	巳	丑卯
丙丁獨火	寅子丑卯	戌亥	申酉	午未	辰巳	寅子丑卯	戌亥	申酉	午未	辰巳
戊己都天	辰巳	寅子丑卯	戌亥	申酉	午未	辰巳	寅子丑卯	戌亥	申酉	午未
庚辛金神	午未	辰巳	寅子丑卯	戌亥	申酉	午未	辰巳	寅子丑卯	戌亥	申酉
壬癸水德	申酉	午未	辰巳	寅子丑卯	戌亥	申酉	午未	辰巳	寅子丑卯	戌亥

協紀云 戊己都天忌修造動土亦猶土王用事后畧近有理

萬年書鑑註日家吉神析義

天德日 宜興工動土修造上官起造安葬移居入宅出行求財求福結昏嫁娶百事大吉

月德日 宜封拜上表謁貴求貢上官赴任修造動土嫁娶移徙納財畜市價契券百事吉

恩大喜日 宜覃恩頒赦上官受封造葬結昏嫁娶吉

天赦日 宜納采進口問名治病受獄嫁娶納財吉

歲德日 宜陳獄施恩還願修造興工入宅移居吉

歲德合 宜上官赴任修造動土移居昏聚出行吉

月德合 宜起造入宅移居出行姑昏嫁娶安葬吉 宜封拜祭祀監造上官出行修造動土監柱上梁病求嫁娶開張種植納財百事吉

天德合 月恩日 宜上官赴任修造動土移居昏嫁娶吉

月空日 宜起造入宅移居出行昏姻嫁娶安葬吉 宜設謀定策陳利獻疏造床帳修產室吉

旺相 付母 時合 宜上官赴任入學應舉出行造葬昏姻百事吉

畢 宜起造昏姻修作倉庫吉

七政通書更新 卷四 一誠堂

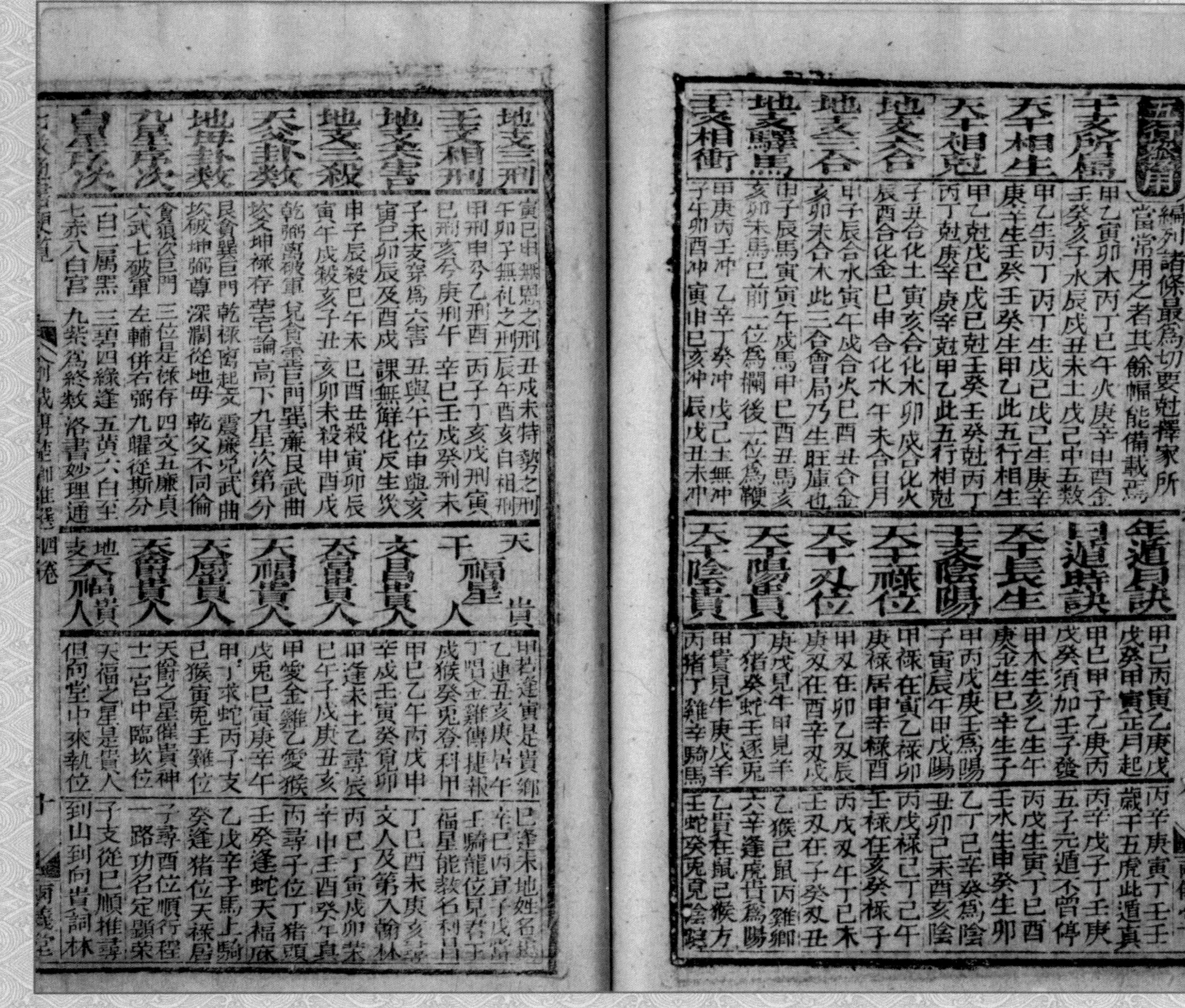

五行總用

編列諸條最爲切要尅擇家所
當常用之者其餘幅能備載焉

干支所屬
甲乙寅卯木丙丁巳午火庚辛申酉金
壬癸亥子水辰戌丑未土戊己中五數

天干相生
甲乙生丙丁丙丁生戊己戊己生庚辛
庚辛生壬癸壬癸生甲乙此五行相生

天干相剋
甲乙剋戊己戊己剋壬癸壬癸剋丙丁
丙丁剋庚辛庚辛剋甲乙此五行相剋

地支六合
子丑合化土寅亥合化木卯戌合化火
辰酉合化金巳申合化水午未合日月

地支三合
申子辰合水寅午戌合火巳酉丑合金
亥卯未合木此三合會局乃生旺庫也

地支驛馬
申子辰馬寅寅午戌馬申巳酉丑馬亥
亥卯未馬巳前一位爲欄後一位爲鞭

天支相衝
甲庚丙壬冲乙辛丁癸冲戊己土無冲
子午卯酉冲寅申巳亥冲辰戌丑未冲

年遁月訣
甲己丙寅乙庚戊
戊癸甲寅正月起
丙辛庚寅丁壬壬
歲干五虎此遁真

日遁時訣
甲己甲子乙庚丙
戊癸須加壬子發
丙辛戊子丁壬庚
五子元遁不曾停

天干長生
甲木生亥乙生午
庚金生巳辛生子
丙戊生寅丁巳酉
壬水生申癸生卯

干支陰陽
甲丙戊庚壬爲陽
子寅辰午申戌陽
乙丁己辛癸爲陰
丑卯巳未酉亥陰

天干祿位
甲祿在寅乙祿卯
庚祿居申辛祿酉
丙戊祿巳丁己午
壬祿在亥癸祿子

天干刃位
甲刃在卯乙刃辰
庚刃在酉辛刃戌
丙戊刃午丁巳未
壬刃在子癸刃丑

天干陽貴
庚戊見牛甲見羊
丁猪癸蛇壬逐兎
乙猴己鼠丙雞鄉
六辛逢虎貴爲陽

天干陰貴
甲貴見牛庚戊羊
丙猪丁雞辛騎馬
乙貴在鼠己猴方
壬蛇癸兎見陰貴

地支三刑
寅巳申無恩之刑丑戌未特勢之刑
午卯子無禮之刑辰午酉亥自相刑

干支相刑
甲刑申分乙刑酉丙子丁亥戊刑寅
巳刑亥分庚刑午辛巳壬戌癸刑未

地支六害
子未支穿爲六害丑與午位申與亥
寅巳卯辰及酉戌課無鮮化反生災

地支三殺
申子辰殺巳午未巳酉丑殺寅卯辰
寅午戌殺亥子丑亥卯未殺申酉戌

天父卦數
乾弼離破軍兌貪震巨門巽廉艮武曲
坎文坤祿存莹宅論高下九星次第分

地母卦數
艮貪巽巨門乾祿離起文震廉兌武曲
坎破坤弼尊深淵從地母乾父不同倫

九星序次
貪狼次巨門三位是祿存四文五廉貞
六武七破軍左輔併右弼九曜從斯分

[illegible]序次
一白二黑三碧四綠逢五黃六白至
七赤八白宮九紫爲終數洛書妙理通

天干福星貴人
甲若逢寅是貴鄉
乙逢丑亥庚居午
丁閒金雞傳捷報
戊猴癸兎登科甲
巳逢未地姓名揚
辛巳丙宜子戊當
壬騎龍位見君王
福星能教名利昌

文昌貴人
甲巳乙午丙戊申
辛戌壬寅癸兎卯
丁巳酉未庚亥尋
文人及第入翰林

天官貴人
甲逢未土乙尋辰
巳午子戌庚丑亥
丙巳丁寅戊卯榮
辛申壬酉癸午真

天福貴人
甲愛金雞乙愛猴
戊兎巳寅庚辛午
丙尋子位丁猪頭
壬癸逢蛇天福庥

天廚貴人
甲丁求蛇丙子支
巳猴寅兎壬雞位
乙戊辛子馬上騎
癸逢猪位天祿居

天爵貴人
天爵之星催貴神
十二宮中臨坎位
子尋酉位順行程
一路功名定顯榮

地支天福貴人
天福之星是貴人
但向堂中來執位
子支從巳順推尋
到山到向貴詞林

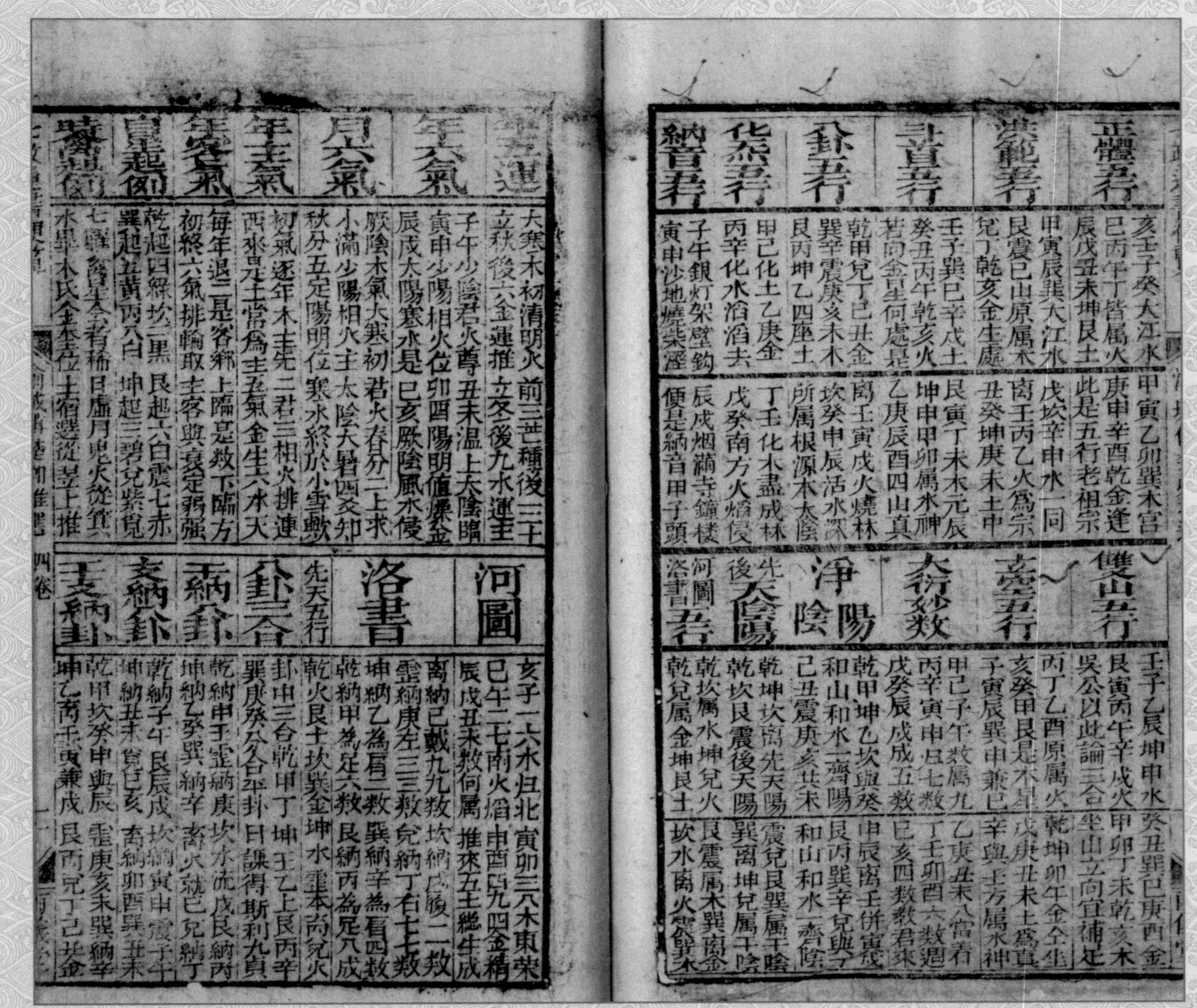

正體五行
亥壬子癸大江水　甲寅乙卯巽木宮
巳丙午丁皆屬火　庚申辛酉乾金逢
辰戌丑未坤艮土　此是五行老祖宗

洪範五行
甲寅辰巽大江水　戌坎辛申水一同
艮震巳山原屬木　离壬丙乙火爲宗
兌丁乾亥金生處　丑癸坤庚未土中

三合五行
壬子巽巳辛戌土　艮寅丁未木元辰
癸丑丙午乾亥火　坤申甲卯屬水神
若向金星何處是　乙庚辰酉四山真

八卦五行
乾甲兌丁巳丑金　离壬寅戌火燒林
巽辛震庚亥未木　坎癸申辰活水深
艮丙坤乙四墓土　所屬根源木太陰

化氣五行
甲己化土乙庚金　丁壬化木盡成林
丙辛化水滔滔去　戊癸南方火焰侵

納音五行
子午銀灯架壁鈎　辰戌烟滿寺鐘樓
寅申沙地燒柴歷　便是納音甲子頭

雙山五行
壬子乙辰坤申水　癸丑巽巳庚酉金
艮寅丙午辛戌火　甲卯丁未乾亥木
吳公以此論三合　坐山立向宜補足

玄空五行
丙丁乙酉原屬火　乾坤卯午金全坐
亥癸甲艮是木星　戌庚丑未土爲真
子寅辰巽申兼巳　辛與壬方屬水神

大衍紗數
甲己子午數屬九　乙庚丑未八宮看
丙辛寅申七數　丁壬卯酉六數週
戊癸辰戌成五數　巳亥四數數君來

净陰净陽
乾甲坤乙坎與癸　申辰离壬併寅戌
和山和水一齊陽　艮丙巽辛兌與丁
己丑震庚亥共未　和山和水一齊陰

先天陰陽 後天陰陽
乾坤坎离先天陽　震兌艮巽屬于陰
乾坎艮震後天陽　巽离坤兌屬于陰

河圖洛書五行
乾坎屬水坤兌火　艮震屬木巽离金
乾兌屬金坤艮土　坎水离火震巽木

年運
大寒木初清明火前三芒種後三土
立秋後六金運推立冬後九水運主

年六氣
子午少陰君火尊丑未溫土大陰臨
寅申少陽相火位卯酉陽明值燥金
辰戌太陽寒水是巳亥厥陰風水侵

月六氣
厥陰木氣大寒初君火春分二上求
小滿少陽相火主太陰大暑四爻知
秋分五定陽明位寒水終於小雪敷

年主氣
初氣逐年木主先二君三相火排連
西來四是土常爲主五氣金生六水天

年客氣
每年退二是客鄉上臨是救下臨方
初終六氣排輪取主客與衰定弱強

宮起例
乾起四綠坎二黑艮起六白震七赤
巽起五黃丙六白坤起三碧兌紫覓

禽起例
七曜爲首生今者稀日爲月兒火從貪
水畢木氐金奎位土宿還從昴上推

河圖
亥子一六水归北寅卯三八木東榮
巳午二七南火焰申酉四九金精
辰戌丑未救何屬推來五土總生成

洛書
离納巳戴九九數坎納戊履一一數
震納庚左三三數兌納丁右七七數
坤納乙爲肩二數巽納辛爲肩四數
乾納甲爲足六數艮納丙爲足八成

先天五行
乾火艮土坎巽金坤水震本离兌火

卦三合
卦中三台乾甲丁坤壬乙上艮丙辛
巽庚癸合今年卦日課得斯利九貞

天干納卦
乾納甲壬震納庚坎水流戊艮納丙
坤納乙癸巽納辛离火就巳兌納丁

地支納卦
乾納子午艮辰戌坎納寅申震子午
坤納丑未兌巳亥离納卯酉巽丑未

干支納卦
乾甲坎癸申與辰震庚亥未巽納辛
坤乙离壬寅兼戌艮丙兌丁己丑金

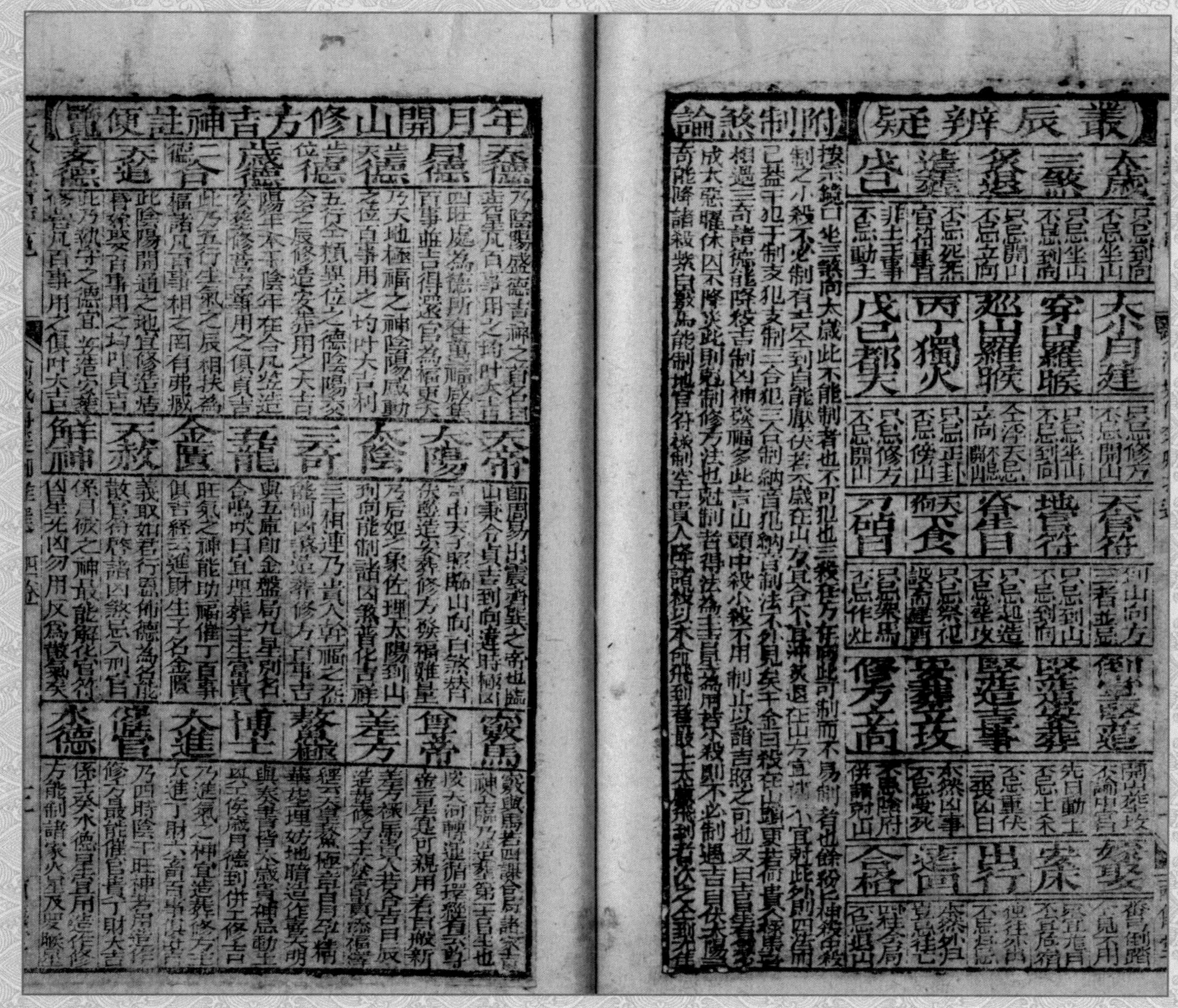

叢辰辨疑

太歲	三煞	陰府	浮天空亡	土皇
只忌到向 不忌坐山	只忌坐山 不忌到向	只忌開山 不忌立向	不忌死葬 官符專管	非土主事 不忌動土

大小月建	穿山羅睺	通山羅睺	丙丁獨火	戊己都天
只忌修方 不忌開山	只忌坐山 不忌到向	全浮天忌 亦同	只忌正封 不忌修山	只忌修方 不忌開山

天官符	地官符	炙官	天狗 天食	刀砧
到山向方 三者並忌	只忌到山 不忌到向	只忌起造 不忌葬攻	只忌祭祀 設齋醮酉	只忌築馬 不忌作灶

開山修造	豎造安葬	豎造吉事	安葬交攻	修方吉道
開山葬攻 不論出官	先日動土 不忌土殺	不忌重伏 三殺凶日	不拘凶事 不忌受死	不忌陰府 併諸對山

嫁娶	家床	出行	進人口	合婚
有倒踏 不見不用	只宜看日 不宜居猪	俱往亦凶 不忌往亡	不忌往亡	只忌合局 不忌退山

附制煞論

按宗鏡曰此三煞尚太歲此不能制者也不可犯也三殺在方在向此可制而不易制者也餘殺則神殺宮殺制之小殺不必制有吉星到自能厭伏若太歲在山方宜合不宜沖沖則疾退在山方宜補不宜剋此則四法用已益干犯干制支犯支制三合犯三合制納音犯納音制法不外見矣千金日殺在山頭更若有貴人祿馬吉相遇三奇諸德能降殺吉制凶神發福多此言山頭中殺小殺不用制止以諸吉照之可也又曰吉星會成太歲催休囚不降災此則制修方法也克制者得法為主貴為用若不殺則不必制遇吉自伏太陽奇能降諸殺紫白數為能制地官符祿制空亡貴人降諸殺均不亦飛到者最上太歲飛到者次之全到兼在

年月開山修方吉神註便覽

天德	月德	天月德	歲德	歲德合	三合	天道	支德
乃陰陽盛德吉神之首名吉星凡百事用之均吋大吉	四旺處為德所在萬福咸集百事並吉得遇官為福更大	乃天地極福之神陰陽咸動之位百事用之均吋大吉利	五行全類與位之德陰陽交會之辰修造安葬用之大吉	陽年本干陰年在合凡營造安葬修營百事用之俱大吉	此乃五行生氣之辰相扶為福諸凡百事相之因有帮扶	此陰陽開通之地宜修造婚姻娶百事用之均可大吉	此乃執守之德宜修造安葬修營凡百事用之俱吋大吉

天帝	太陽	太陰	三奇	青龍	金匱	天赦	解神
即周易出震之帝也臨山兼合貞吉到向遇時極凶	帝中天子照臨山向百煞潛伏修造安葬修方發福難量	乃后妃之象佐理太陽到山到向能制諸凶煞皆化吉祥	三才相連乃貴人幹福之神能制凶煞造葬修方百事吉	與五庫即金盤局九星別名合鳴吠日宜埋葬主生富貴	旺氣之神能功福催丁良吉俱吉經云進財生子名金匱	義取如君行赦術德為名能散官符禁諸凶煞忌入刑官	係月破之神最能解化官符凶星光凶勿用反為徵氣矣

驛馬	尊帝	差方	紫微	博士	大進	催官	木德
驛與馬者四課會局諸家吉神大臨乃安葬第一吉星也	[illegible]	差方祿馬貴人君吉日辰造葬修方主發富貴榮福壽	經云合紫微極章自身精華莊埋妨地晴造作喜天明	與奏書同皆太歲善神忌動土與金僕歲月德到併王修吉	乃進氣之神宜造葬修方主大進丁財六畜百事俱吉	乃四時陰干旺神君宜造作修方最能催官貴丁財大吉	係壬癸水德星宜用造作修方能制諸家火星及羅睺星

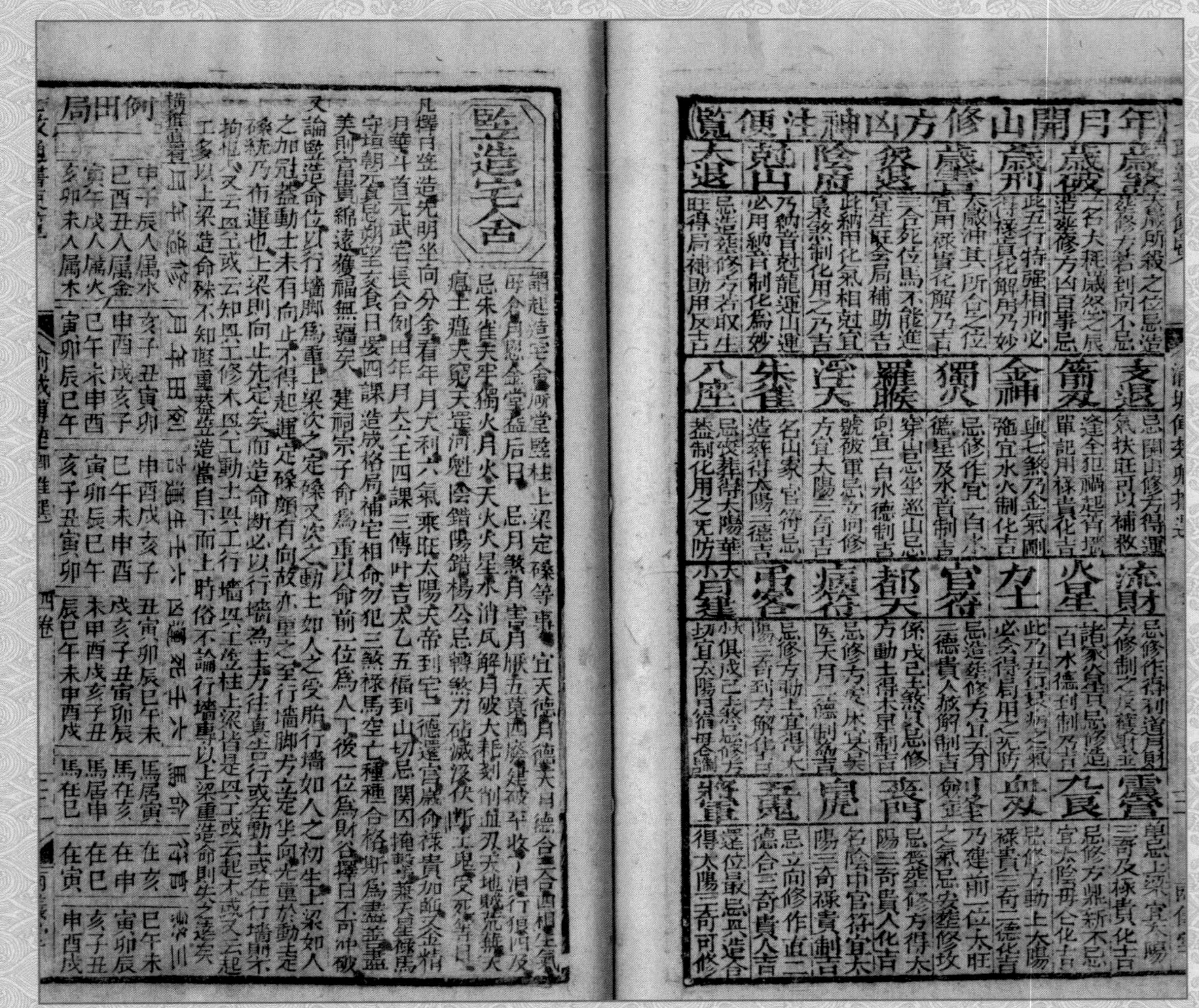

年月開山修方凶神注便覽

歲煞	歲破	歲刑	歲害	灸退	陰府	剋山	大退
太歲所殺之位忌造葬修方若到向不忌	一名大耗歲忌之辰造葬修方凶百事忌	此五行特強相刑必得祿貴化解用乃妙	太歲沖其所合之位宜用祿貴化解乃吉	三合死位馬不能進宜生旺三合局補助吉	此納甲化氣相剋宜泉煞制化用之乃吉	乃納音剋龍運山運必用納音制化為妙	忌造葬修方若取生旺得局補助用反吉
支退	箭刃	金神	獨火	羅睺	浮天	朱雀	八座
忌開山修方得運氣扶旺可以補救	逢全犯禍起宵壇單記用祿貴化吉	與七煞乃金氣剛強宜水火制化吉	忌修作宜一白水德星及水音制吉	穿山忌坐巡山忌向宜一白水德制吉	號破軍忌立向修方宜太陽三奇吉	名山家官符忌造葬得太陽三德吉	忌安葬得太陽華蓋制化用之无防
流財	金星	坐土	官符	天都	病符	[illegible]客	[illegible]
忌修作得利道月財方修制之反獲財宝	諸家金星只忌修造一白水德到制乃吉	此乃五行衰病之氣必会得局用之无防	忌造葬修方立向三德貴人赦解制吉	係戊己土煞只忌修方動土得木星制吉	忌修方宜安床宅安医天月二德制紫吉	忌修方動土宜得太陽三奇到方解作吉	小大俱戊己土煞忌修方切宜太陽月德母合制
雷霆	九良	[illegible]	劍鋒	喪門	白虎	五鬼	將軍
單忌上梁宜太陽三奇及祿貴化吉	忌修方鼎新不忌宜太陰母合化吉	忌修方動上太陽祿貴三奇二德化吉	乃建前一位太旺之氣忌安葬修坟	忌安葬修方得太陽三奇貴人化吉	名陰中官符宜太陽三奇祿貴制吉	忌立向修作宜二德合三奇貴人吉	遷位最忌興造合得太陽三奇可修

豎造宅舍

凡擇月豎造宅舍廳堂豎柱上梁定磉等事宜天德月德天月德合三合四相生氣月華斗首元武宅長合例由年月大利六氣乘旺太陽天帝到宅二德還宮歲命祿貴加臨金精守垣朝元真忌朔望亥食日要四課造成格局補宅相命勿犯三煞祿馬空亡種種合格斯為盡善盡美則富貴綿遠獲福無疆矣　建祠宗子命為重以命前一位為人丁後一位為財谷擇日不可冲破

翻起造宅舍廚堂豎柱上梁定磉等事宜天德月德天月德合三合四相生氣母倉月恩金堂益后日　忌月煞月害月厭五墓四廢建破平收天賊受死月破大耗刻制血刃天地賊荒蕪天瘟土瘟天寃天罡河魁陰錯陽錯楊公忌轉煞九砧滅沒伏斷土鬼受死等日

又論豎造命位以行墻脚為重上梁次之定磉又次之動土如人之受胎行墻如人之初生上梁如人之加冠蓋動土未有向止不得起運定磉頗有向故亦重之至行墻脚方定坐向尤重於動土定磉統乃布運也上梁則向止先定矣而造命斷必以行墻為主方往真吉行或在動土或在行墻舉拘惟又云與工或云知與工修木與工動土與工行墻與工豎柱上梁皆是與工或云起木或又云起工多以上梁造命殊不知豎重豈豎造當自下而上時俗不論行墻專以上梁重造命則失之遠矣

局田例

年造修	月年田例	吉運生长	凶運死绝	馬命	符官	殺三
申子辰人屬水	亥子丑寅卯	申酉戌亥子	丑寅卯辰巳午未	馬居寅	在亥	巳午未
巳酉丑人屬金	申酉戌亥子	巳午未申酉	戌亥子丑寅卯辰	馬在亥	在申	寅卯辰
寅午戌人屬火	巳午未申酉	寅卯辰巳午	未申酉戌亥子丑	馬居申	在巳	亥子丑
亥卯未人屬木	寅卯辰巳午	亥子丑寅卯	辰巳午未申酉戌	馬在巳	在寅	申酉戌

山命財空 寅山命忌甲辰戊申壬子日　巳山命忌乙未己亥日　申山命忌甲戌戊寅壬午日　亥山命忌乙丑癸酉日

山命祿空 子山命忌癸亥日　寅山命忌甲辰日　卯山命忌乙巳日　巳山命忌丙申戊戌日　申山命忌庚辰日　酉山命忌辛巳日　亥山命忌壬申日　午山命忌丁亥己丑日

山命貴空 子山命忌乙卯己未日　丑山命忌甲寅庚午日　寅山命忌辛亥癸丑日　亥山命忌丙寅　卯山命忌壬子癸丑日　巳山命忌壬寅癸卯日　午山命忌辛卯癸巳日　未山命忌甲申戊戌日　申山命忌乙亥己卯日　酉山命忌丙子丁丑日　丁卯日

三奇官符 歌訣例　天元五虎遁天干　地元五虎遁支安　人元本命尋納音　對冲音剋日時傷　如甲子生命人用五虎遁至甲字即甲戌納音火為天元忌壬辰水日時剋之遁見子字是丙子納音水為地元忌庚午上日時剋人元即甲子納音金忌戊午火巳時剋並忌餘做此

命龍入土 納音金生人辰戌丑未年入土　納音木生人寅申巳亥年入土　納音水火土生人子午卯酉年入土　推忌倒堂修造犯者三六九年內主官司損六畜又修作中宮尤忌動土凶

入山伐木 伐木日辰及起工切不可犯穿山煞宜立冬後立春前擇午日申日危日及明星黃道天月二德諸吉定成開日忌建破平收及魯班斧頭木馬四廢蛇日　大統忌无祿窮忌日

搭廠堆木 瓦木植堆垛及搭廠先須擇天道太陽天月二德三奇照臨之方堆垛切不可值年三煞天地官符月建造主本命之方大忌斷木起工工匠不安作棟梁之木預架吉處勿令人污穢

起工架馬 宜天德月德天月二德合開成日四生四旺及本宅有得祿馬貴人為妙　凡起工之日宜先剪柱向後裁梁先內而後外則吉　今人先剪梁而後裁柱棟此則不合魯班祖式矣

動土平基 宜四相生氣天月二德益后三合金堂大明黃道日忌土符土府地囊五墓四廢死炁及建破平收日　大統曆忌土王用事后月忌月窮日擇吉以穿山為主柱內要扶助勿沖剋

行墻基址 宜八首透地分金為重審五運六氣相度地氣強弱課取四柱配合有剋宜補氣旺用才官身衰取可比則吉　忌刑戰坐卦六親喜天星七政照臨則合局然耳　宜伏斷閉日吉

定磉竪柱 宜用透地為主要選四課相生配合生旺日辰則美　忌五行坐敗死日切宜慎安　又下磉即柱下石也其發柱之日先起四維而後四正再審本宅生旺方及年月吉神占位吉

上梁蓋屋 選取主命宅位更得祿馬為吉宜三合生氣支德通宜天月二德德合四相金堂黃吉日忌五墓四廢大煞日　大統曆忌天火火星受死死祿月忌月窮日凡諸煞務要細查推詳

開井放水 歌訣　決溝折放有真機　須向天干忌四隅　十二支神君莫犯　陽山依舊折陽渠　秘旨　陰龍仍折陰干水　莫向陽干說是非　若是脫龍井就局　陰陽須混莫猜疑

開池養魚 宜本宅向方大利宅長本命生旺年月擇天狗守塘吉日會合螣蛇伏斷更妙及成閉日起土開鑿　忌滿開建執破及魁罡死氣天百穿天百空土瘟天瘟天地賊大小耗受死凶日

修整宅舍 從來造宅易而修方難蓋古語也造作只論坐向修方則有坐向中宮方道之別若淨盡折去原舊基謂之倒堂並造與新宅今若年久頹壞坐向中宮要在修造謂之全修當審開山凶神并趁切修方凶神如中宮不動僅於破壞之處欲修補完葺此謂之修方修后論坐修前論向修左論左修右論右至于修方神煞與開山神煞倍多難以盡避要在制化得宜可以轉凶成吉化煞為權勿因山向來旺悉為拘忌要取太陽天帝天月二德並臨選課扶合山命自然召吉迎祥獲福無疆宜生氣四相天月德月恩三合玉堂諸吉忌土符地囊五墓四廢月煞子戾行狠土王用事后及建破平收等凶日

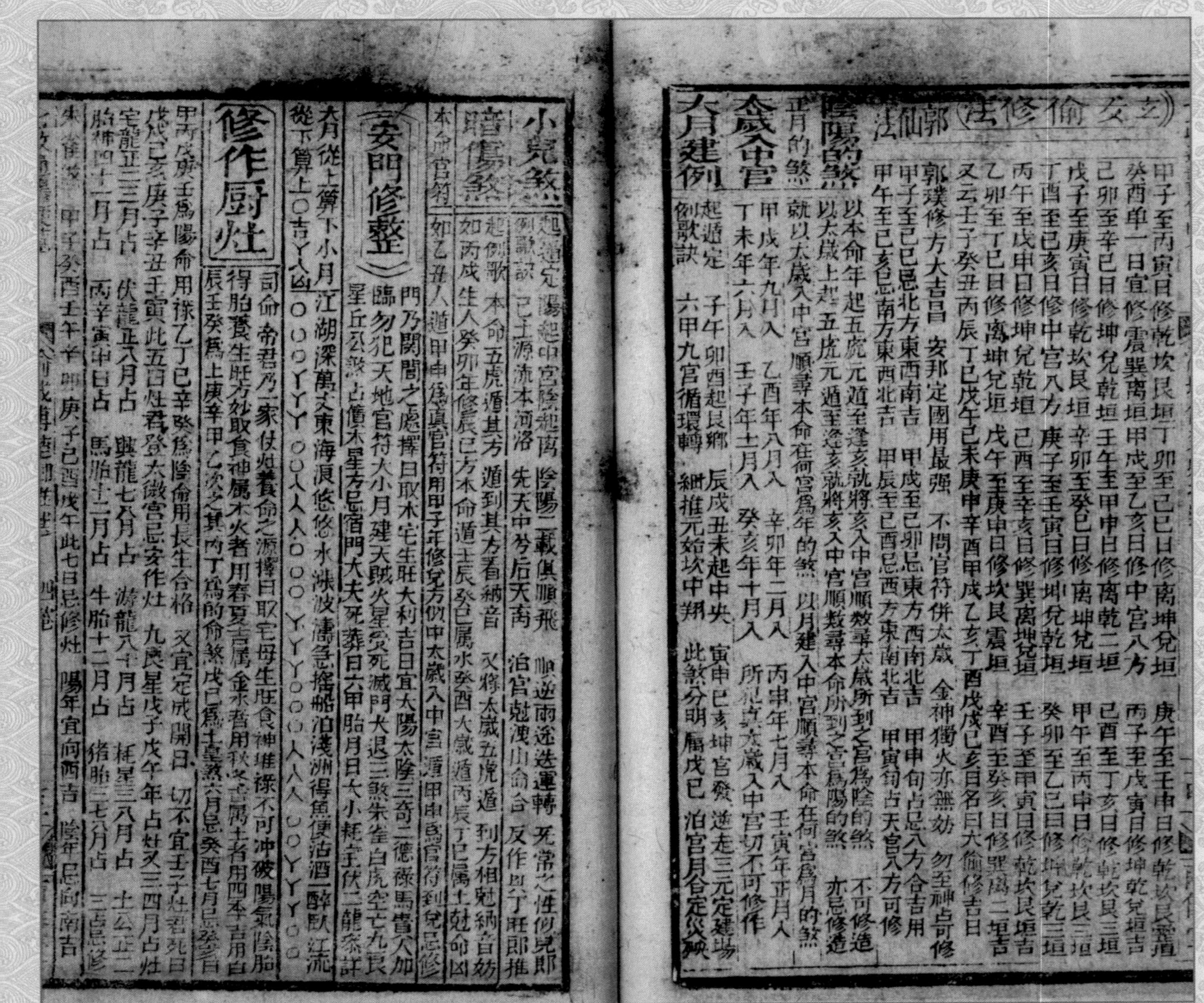

玄女偷修法

甲子至丙寅日修乾坎艮垣　丁卯至己巳日修離坤兌垣　庚午至壬申日修乾坎艮震垣
癸酉單一日宜修震巽離垣　甲戌至乙亥日修中宮八方　丙子至戊寅日修坤乾兌垣吉
己卯至辛巳日修坤兌乾垣　壬午至甲申日修離乾二垣　乙酉至丁亥日修乾坎艮三垣
戊子至庚寅日修乾坎艮垣　辛卯至癸巳日修離坤兌垣　甲午至丙申日修乾坎艮三垣
丁酉至己亥日修中宮八方　庚子至壬寅日修坤兌乾垣　癸卯至乙巳日修坤兌乾三垣
丙午至戊申日修坤兌乾垣　己酉至辛亥日修巽離坤兌垣　壬子至甲寅日修乾坎艮垣吉
乙卯至丁巳日修離坤兌垣　戊午至庚申日修坎艮震垣　辛酉至癸亥日修巽離二垣吉
又云壬子癸丑丙辰丁巳戊午己未庚申辛酉甲戌乙亥丁酉戊戌己亥日名曰大偷修吉日

郭仙法

郭璞修方大吉昌　安邦定國用最強　不問官符併太歲　金神獨火亦無妨　勿至神占可修
甲子至己巳忌北方東西南吉　甲戌至己卯忌東方西南北吉　甲申旬占忌八方合吉用
甲午至己亥忌南方東西北吉　甲辰至己酉忌西方東南北吉　甲寅旬古天官八方可修

陰陽的煞　正月的煞

以本命年起五虎元遁至遇亥就將亥入中宮順數尋太歲所到之宮為陰的煞　不可修造
以太歲上起五虎元遁至遇亥就將亥入中宮順數尋本命所到之宮為陽的煞　亦忌修造
就以太歲入中宮順尋本命在何宮為年的煞　以月建入中宮順尋本命在何宮為月的煞

太歲入中宮

甲戌年九月入　乙酉年八月入　辛卯年二月入　丙申年七月入　壬寅年正月入
丁未年六月入　壬子年十一月入　癸亥年十月入　所犯太歲入中宮切不可修作

大月建例

起遁定例歌訣
子午卯酉起艮鄉　辰戌丑未起中央　寅申巳亥坤宮發　逆走三元定建場
六甲九宮循環轉　細推元始坎中翔　此煞分明屬戊己　泊宮月合定災殃

小兒煞

起遁定例歌訣
陽起中宮陰起離　陰陽一載與順飛　順逆兩途迭運轉　死常之性例兒郎
已上源流本河洛　先天中分后天离　泊宮魁洩山命合　反作凶丁旺郎推

暗傷煞

起例歌　本命五虎遁其方　遁到其方看納音　又將太歲五虎遁　到方相剋納音妨
如丙戌生人癸卯年修辰巳方木命遁壬辰癸巳屬水癸酉太歲遁丙辰丁巳屬土剋命凶

本命宮符

如乙丑人遁甲申為真官符用甲子年修兌方例中太歲入中宮遁甲申為官符到兌忌修

安門修整

門乃關閭之處擇日取木宅生旺大利吉日宜太陽太陰三奇二德祿馬貴人加
臨勿犯天地官符大小月建天賊火星受死滅門大退三煞朱雀白虎空亡九良
星丘公殺占僮木星方忌宿門大夫死葬日六甲胎月日大小耗宅伏二龍祭詳

大月從上算下　小月從下算上　〇吉　丫凶
江湖深萬丈東海浪悠悠水漲波濤急搖船泊淺洲得魚便沽酒一醉臥江流
〇〇〇丫丫丫〇〇〇人人人〇〇〇丫丫丫〇〇〇人人人〇〇丫丫丫〇〇

修作廚灶

司命帝君乃一家伏炉養命之源擇日取宅母生旺食神堆祿不可沖破陽氣陰胎
得胎養生旺方妙取食神屬木火者用春夏吉屬金水者用秋冬吉屬土者用四季吉用白
辰壬癸為上庚辛甲乙次之其丙丁為的命煞戊己為土皇煞六月忌癸酉七月忌癸酉

甲丙戊庚壬為陽命用祿乙丁己辛癸為陰命用長生合格　又宜定成開日　切不宜壬子灶君死日
戊戌己亥庚子辛丑壬寅此五日灶君登天微宮忌安作灶　九良星戊子戊午年占灶又三四月占灶
宅龍正二三月占　伏龍正八月占　興龍七八月占　游龍八十月占　土公正二
胎神四十一月占　丙辛寅申日占　馬胎十二月占　牛胎十二月占　猪胎三七八月占　三忌修
朱雀從甲子癸酉壬午辛卯庚子己酉戊午此七日忌修灶　陽年宜向西吉　陰年忌向南吉

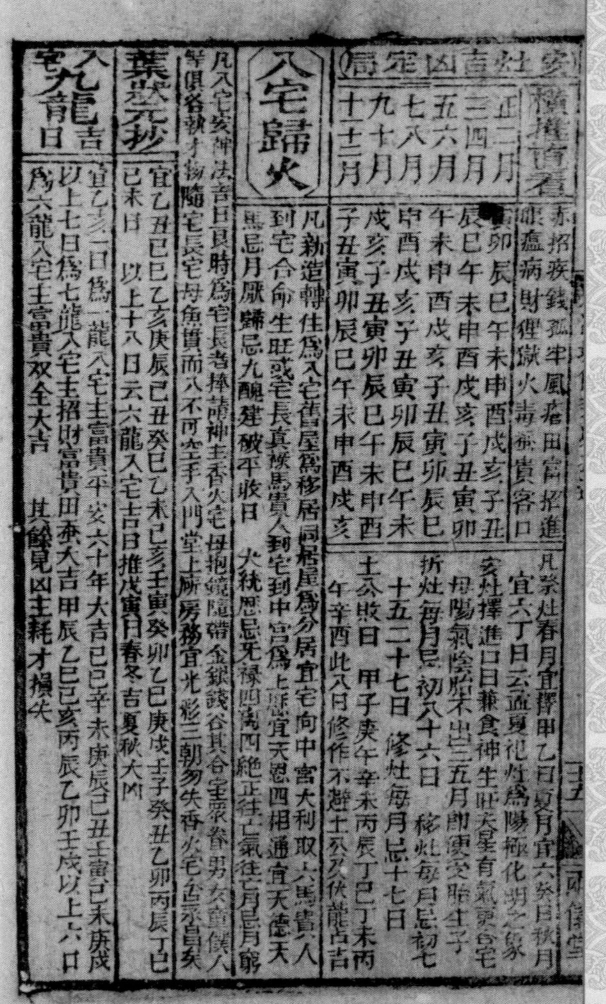

安灶吉凶定局

橫推順看

赤招疾錢孤牢風瘡田官招進
痲瘟病財徵獄火毒橫貴客口

月												
正二月	寅	卯	辰	巳	午	未	申	酉	戌	亥	子	丑
三四月	辰	巳	午	未	申	酉	戌	亥	子	丑	寅	卯
五六月	午	未	申	酉	戌	亥	子	丑	寅	卯	辰	巳
七八月	申	酉	戌	亥	子	丑	寅	卯	辰	巳	午	未
九十月	戌	亥	子	丑	寅	卯	辰	巳	午	未	申	酉
十一十二月	子	丑	寅	卯	辰	巳	午	未	申	酉	戌	亥

凡祭灶春月宜擇甲乙日夏月宜六癸日秋月宜六丁日云逢夏祀灶爲陽極化朔之象

亥灶擇進口日兼食神生旺天星有氣更合宅母陽氣陰胎不出三五月即便受胎生子

折灶每月忌初八十六日　移灶每月忌初七十五二十七日　修灶每月忌十七日

土公煞日　甲子庚午辛未丙辰丁巳丁未丙午辛酉此八日修作不避土公及伏龍占吉

入宅歸火

凡入宅安神法吉日良時爲宅長者捧請神主香火宅母抱鏡隨帶金銀錢谷其合宅眾眷男女童僕人等俱各執才物隨宅長宅母魚貫而入不可空手入門堂上廳房務宜光彩三朝勿失香火宅舍吉昌矣

凡新造轉住爲入宅舊屋爲移居同居屋爲分居宜宅向中宮大利取六馬貴人到宅合命生旺或宅長真祿馬貴人到宅到中宮爲上吉宜天恩四相通宜天德天馬忌月厭歸忌九醜建破平收日　大耗歷忌死祿四离四絕正往亡氣往亡月忌月窮

葉氏元秘

宜乙丑己巳乙亥庚辰己丑癸巳乙未己亥壬寅癸卯乙巳庚戌壬子癸丑乙卯丙辰丁巳己未日　以上十八日云六龍入宅吉日推戊寅日春冬吉夏秋大凶

入宅九龍吉日

宜乙亥一日爲一龍入宅主富貴平安六十年大吉己巳辛未庚辰己丑壬寅己未庚戌以上七日爲七龍入宅主招財富貴田蠶大吉甲辰乙巳己亥丙辰乙卯壬戌以上六日爲六龍入宅主富貴双全大吉　其餘見凶主耗才損失

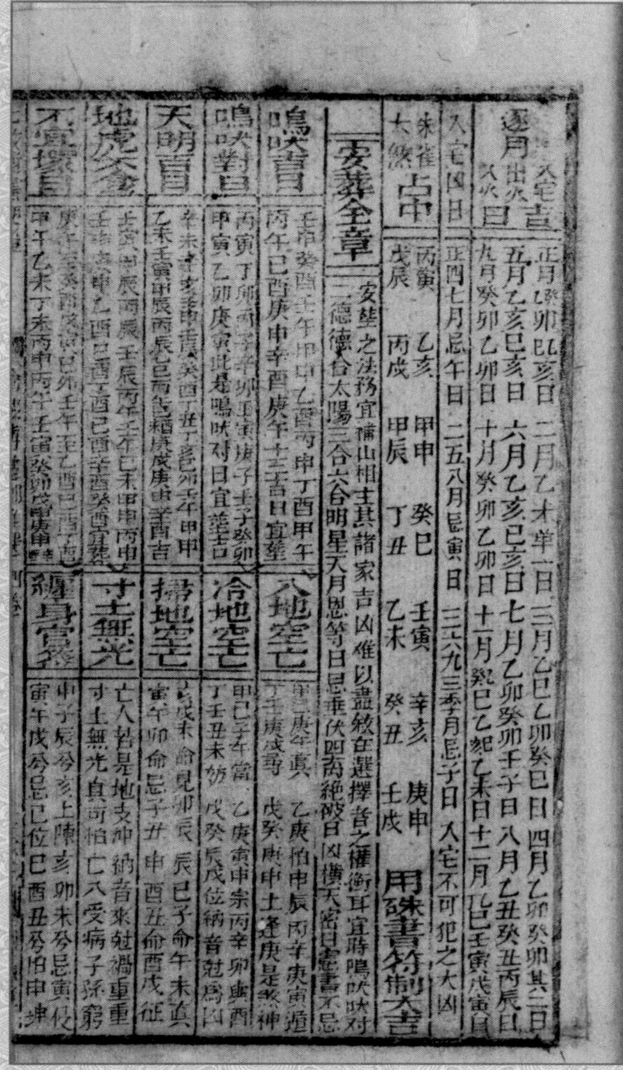

遷月出火日 入宅吉

正月癸卯己亥日　二月乙未辛丑日　三月乙巳乙卯癸巳日　四月乙卯癸卯其二日
五月乙亥己亥日　六月乙亥己亥日　七月乙卯癸卯壬子日　八月乙丑癸丑丙辰日
九月癸卯乙卯日　十月癸卯乙卯日　十一月癸巳乙巳乙未日　十二月乙巳壬寅戊寅日

入宅凶日

正四七月忌午日　二五八月忌寅日　三六九十二月忌子日　入宅不可犯之大凶

朱雀大煞占中

丙寅　乙亥　甲申　癸巳　壬寅　辛亥　庚申
戊辰　丙戌　甲辰　丁丑　乙未　癸丑　壬戌
用硃書符制之吉

安葬全章

安葬之法務宜補山相主其諸家吉凶惟以盡㪣在選擇者之權衡耳宜將鳴吠鳴吠對二德德合太陽三合六合明星天月恩等日忌重伏四離四絕破日凶横天賊日地主書不忌

鳴吠日　壬申癸酉壬午甲申乙酉丙申丁酉甲午丙午己酉庚申辛酉庚午十二吉日宜葬

鳴吠對日　丙寅丁卯丙子辛卯壬寅庚子壬子癸卯甲寅乙卯庚寅此是鳴吠對日宜葬吉

天明日　辛未辛亥辛酉癸酉丁丑丁亥己卯辛巳甲申乙未壬寅甲辰丙辰己巳丙戌庚寅庚申辛酉吉

地虎不食　壬寅甲辰丙辰壬辰丙午壬午己未甲申丙申壬申乙酉己酉丁酉己酉辛酉癸酉吉

不守塚日　庚午壬午癸酉戊寅己卯壬午乙酉丙午丁酉甲午乙未丁未丙申丙午壬寅癸卯戊寅庚申

入地空亡　甲乙庚午真人　乙庚怕申辰　丙辛庚寅逍　丁壬庚戌等　戊癸庚申土逢庚是煞神

冷地空亡　甲己子午當　乙庚寅申宗　丙辛卯與酉　丁壬丑未妨　戊癸辰戌位納音犯爲凶

掃地空亡　乙庚戌未命見卯辰　辰巳子命午未真　寅午卯命忌子丑　申酉亥命酉戌征

寸土無光　亡人若是地支神　納音來尅禍重重　寸土無光真可怕　亡人受病子孫窮

纏身空亡　申子辰分亥上陳　亥卯未分忌寅侵　寅午戌分忌巳位　巳酉丑分怕申坤

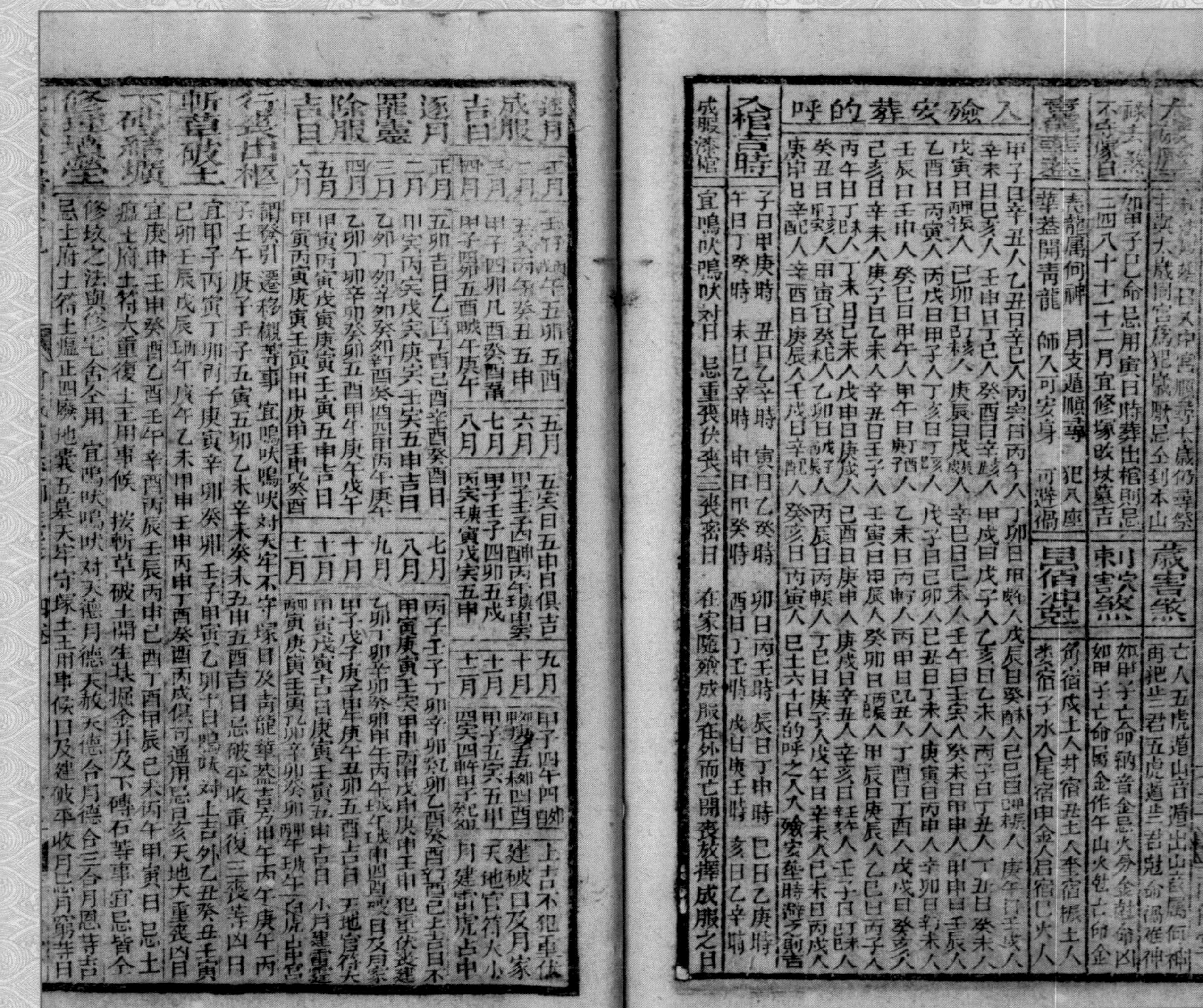

太歲煞

[illegible]太歲同宮爲犯歲煞[illegible]到本山

祿去煞 不守冢日

如甲子巳命忌用寅日時葬出棺則忌

三四八十十一十二月宜修塚啟坟墓吉

青龍屬何神 月支遁順尋 犯入座

華蓋開青龍 師人可安身 可避禍

入殮安葬的呼

甲子日辛丑人 乙丑日辛巳人 丙寅日丙午人 丁卯日甲戌人 戊辰日癸酉人 己巳日甲辰人 庚午日壬戌人

辛未日己亥人 壬申日丁巳人 癸酉日辛亥人 甲戌日戊子人 乙亥日乙未人 丙子日丁丑人 丁丑日癸未人

戊寅日甲辰人 己卯日己亥人 庚辰日戊辰人 辛巳日己未人 壬午日壬寅人 癸未日甲申人 甲申日壬辰人

乙酉日甲辰人 丙戌日甲子人 丁亥日丁亥人 戊子日己卯人 己丑日丁未人 庚寅日丙申人 辛卯日乙未人

壬辰日壬申人 癸巳日甲午人 甲午日庚子人 乙未日己丑人 丙申日丙申人 丁酉日丁酉人 戊戌日癸亥人

己亥日辛未人 庚子日乙未人 辛丑日壬子人 壬寅日甲辰人 癸卯日丙辰人 甲辰日庚辰人 乙巳日丙子人

丙午日丁未人 丁未日己未人 戊申日庚戌人 己酉日庚申人 庚戌日辛丑人 辛亥日辛亥人 壬子日丁未人

癸丑日甲寅人 甲寅日癸卯人 乙卯日丙辰人 丙辰日丙辰人 丁巳日庚子人 戊午日辛未人 己未日丙戌人

庚申日辛酉人 辛酉日庚辰人 壬戌日辛酉人 癸亥日丙寅人 巳上六十日的呼之人入殮安葬時避之則吉

歲害煞

亡人五虎遁山音遁出山首屬何神 再把此二君五虎遁此二君剋命禍難神

刺害煞

如甲子亡命納音金忌火旁金剋命凶

如甲子亡命屬金作午山火剋亡命金

星宿避

角宿戌土人 井宿丑土人 奎宿辰土人

尾宿子水人 尾宿申金人 昴宿巳火人

殯時

子日甲庚時 丑日乙辛時 寅日乙癸時 卯日丙壬時 辰日丁申時 巳日乙庚時

午日丁癸時 未日乙辛時 申日甲癸時 酉日丁壬時 戌日庚壬時 亥日乙辛時

成服除靈

宜鳴吠鳴吠對日 忌重喪伏喪三喪密日 在家隨殮成服在外而亡開喪擇成服之日

逐月成服吉日

正月 壬午丙午五卯五酉

二月 壬午丙午癸五五申

三月 甲子四卯凡酉癸酉

四月 甲子四卯五酉戊午庚午

五月 五寅日五申日俱吉

六月 甲子壬子丙酉丙午[illegible]

七月 甲子壬子四卯五戌

八月 丙寅戊寅五申

九月 甲子四午四卯

十月 [illegible]五柳四酉

十一月 甲子五寅五申

十二月 四寅四卯甲子[illegible]

上吉不犯重伏 建破日及月家 天地官符大小 月建雷虎占中

逐月除靈除服吉日

正月 五卯吉日乙酉丁酉己酉辛酉癸酉日

二月 甲寅丙寅戊寅庚寅壬寅五申吉日

三月 乙卯丁卯辛卯癸卯丁酉癸酉四甲丙午庚午

四月 乙卯丁卯辛卯癸卯五酉甲午庚午戊午

五月 甲寅丙寅戊寅庚寅壬寅五申吉日

六月 甲寅丙寅庚寅壬寅甲申庚申壬申癸酉

七月 丙子壬子丁卯辛卯癸卯乙酉癸酉己酉上吉日不

八月 甲寅庚寅壬寅甲申丙申戊申庚申壬申犯重伏喪建

九月 乙卯丁卯辛卯癸卯甲午丙午壬午戊申四酉破日及月家

十月 甲子戊子庚子庚午五卯五酉吉日 天地官符大

十一月 甲寅戊寅吉日庚寅壬寅五申吉日 小月建雷霆

十二月 甲寅庚寅壬寅乙卯辛卯癸卯丙午壬午白虎占中宮

行喪出柩

謂發引遷移櫬等事 宜鳴吠鳴吠對天牢不守塚日及青龍華蓋吉方 甲午丙午庚午丙子壬午庚子壬子五寅五卯乙未辛未癸未五申五酉吉日 忌破平收重復三喪等凶日

斬草破土

宜甲子丙寅丁卯丙子庚寅辛卯癸卯壬子甲寅乙卯壬日鳴吠對上吉 外乙丑癸丑壬寅 己卯壬辰戊辰辛卯庚午乙未甲申壬申丙申丁酉癸酉丙戌俱可通用 忌日亥天地大重喪凶日

下葬擴

宜庚申壬申癸酉乙酉壬午辛酉丙辰壬辰丙申己酉丁酉甲辰己未丙午甲寅日 忌土瘟土府土符大重復土王用事候 拔斬草破土開生墳掘金井及下磚石等事宜忌皆仝

修坟塋

修坟之法與修宅舍仝用 宜鳴吠鳴吠對天德月德天赦天德合月德合三合月恩等吉 忌土府土符土瘟正四廢地囊五墓天牢守塚土王用事候日及建破平收月忌月窮等日

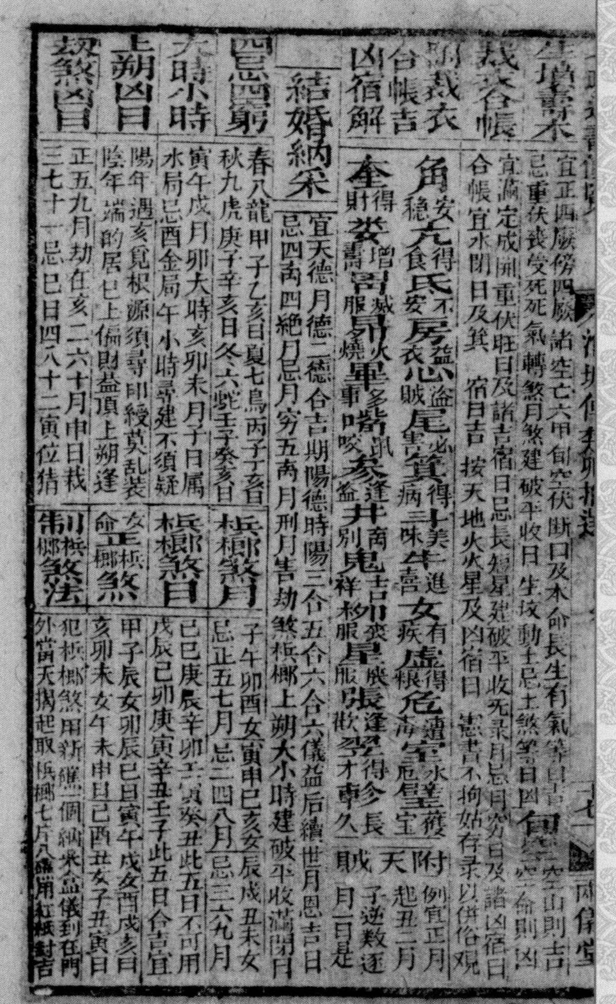

結婚納采

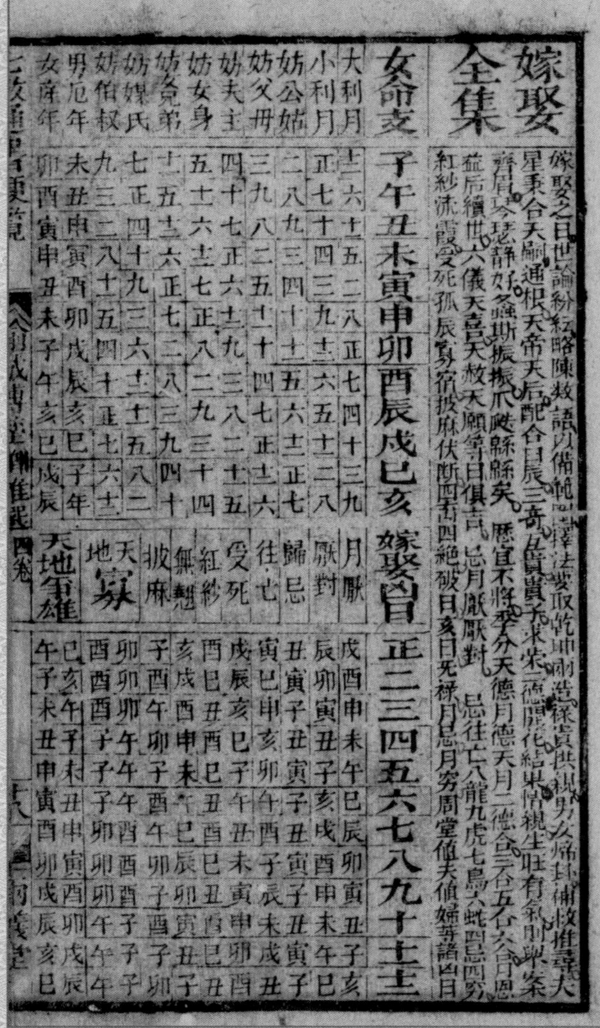

嫁娶全集

女命支

子午 丑未 寅申 卯酉 辰戌 巳亥

大利月 小利月 妨公姑 妨父母 妨夫主 妨女身 妨媒氏 妨伯叔 男厄年 女產年

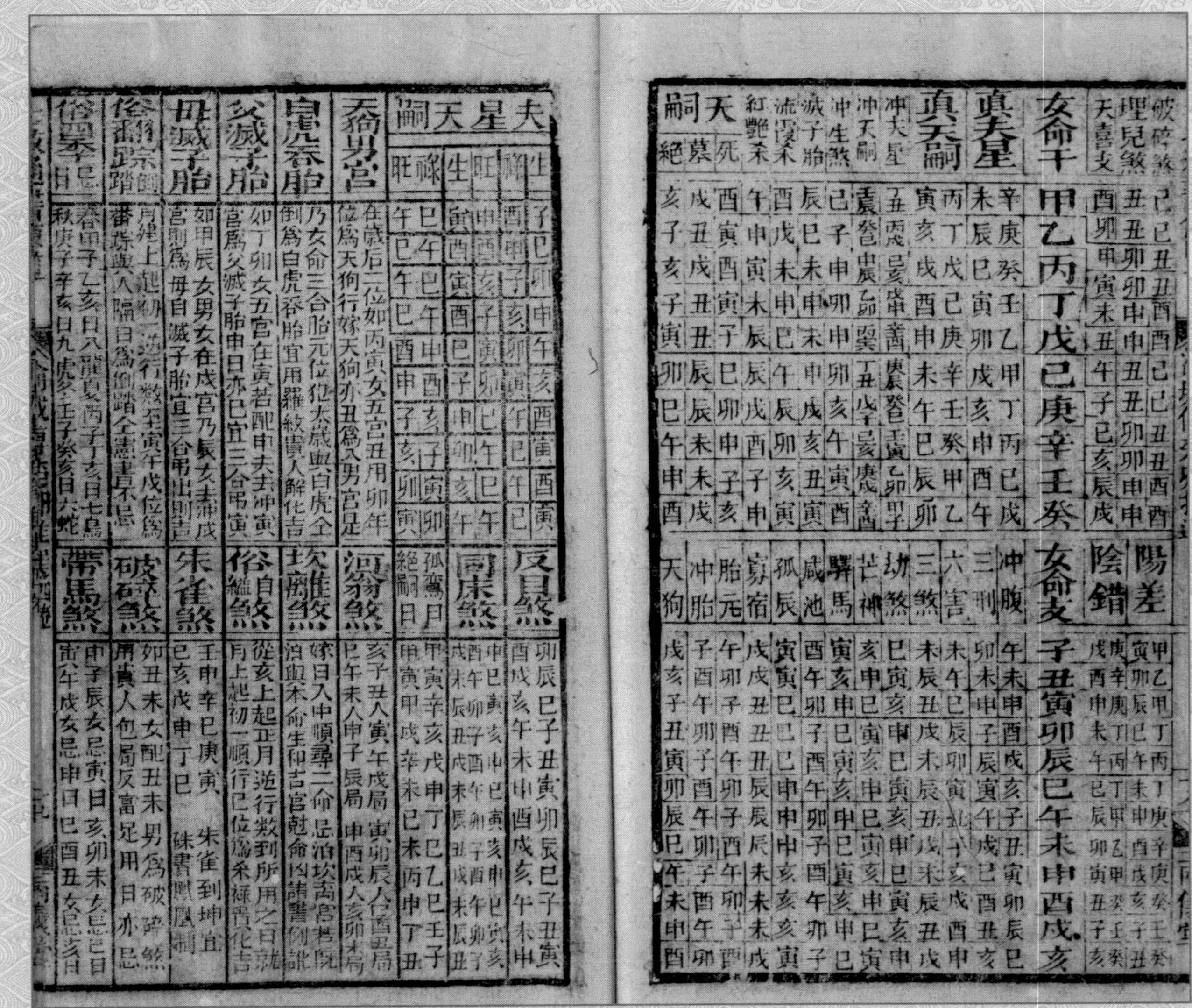

女命干	甲	乙	丙	丁	戊	己	庚	辛	壬	癸
破碎煞	巳	巳	丑	丑	酉	酉	巳	丑	丑	酉
埋兒煞	丑	丑	卯	卯	申	申	丑	卯	卯	申
天喜支	酉	卯	申	寅	未	丑	午	子	巳	亥
真春星	辛	庚	癸	壬	乙	甲	丁	丙	己	戊
真天嗣	未	辰	巳	寅	卯	戌	亥	午	巳	卯

女命支	子	丑	寅	卯	辰	巳	午	未	申	酉	戌	亥
陽差	甲	乙	丙	丁	庚	辛	壬	癸	甲	乙	丙	丁
陰錯	寅	卯	辰	巳	午	未	申	酉	戌	亥	子	丑
冲腹	午	未	申	酉	戌	亥	子	丑	寅	卯	辰	巳
三刑	卯	未	申	子	辰	申	午	丑	寅	酉	未	亥
六害	未	午	巳	辰	卯	寅	丑	子	亥	戌	酉	申
三煞	未	辰	丑	戌	未	辰	丑	戌	未	辰	丑	戌
劫煞	巳	寅	亥	申	巳	寅	亥	申	巳	寅	亥	申
芒神	亥	申	巳	寅	亥	申	巳	寅	亥	申	巳	寅
驛馬	寅	亥	申	巳	寅	亥	申	巳	寅	亥	申	巳
咸池	酉	午	卯	子	酉	午	卯	子	酉	午	卯	子
孤辰	寅	寅	巳	巳	巳	申	申	申	亥	亥	亥	寅
寡宿	戌	戌	丑	丑	丑	辰	辰	辰	未	未	未	戌
胎元	午	卯	子	酉	午	卯	子	酉	午	卯	子	酉
冲胎	子	酉	午	卯	子	酉	午	卯	子	酉	午	卯
天狗	戌	亥	子	丑	寅	卯	辰	巳	午	未	申	酉

冲夫星　冲天嗣　冲生煞　滅子胎　流霞杀　紅艷杀

天嗣	死	墓	絕
酉	戌	亥	子
寅	丑	子	亥
申	寅	丑	子

夫星天嗣

生	祿	旺	生	祿	旺
子	巳	卯	申	午	亥
酉	申	子	亥	卯	寅
寅	酉	午	酉	巳	午
巳	午	巳	申	酉	巳

天狗男宮　在歲后二位，如丙寅女五宮丑用卯年位為天狗，行嫁天狗亦丑為入男宮是。

白虎吞胎　乃女命三合胎元位，從太歲數白虎全倒為白虎吞胎，宜用羅紋貴人解化吉。

父滅子胎　如丁卯女五宮在寅，若配申夫去冲寅宮為父滅子胎，申日亦巳，宜三合吊寅。

母滅子胎　如甲辰女男女在戌宮，乃辰女去冲戌宮，則為母自滅子胎，宜三合吊出則吉。

俗翻蹤倒蹄　月建上起初一逆行數至寅午戌位為番蹤，與八隔日為倒蹄，全忌，晝不忌。

俗忌日　春甲子乙亥日八龍，夏丙子丁亥日七鳥，秋庚子辛亥日九虎，冬壬子癸亥日六蛇。

反目煞　卯辰巳子丑寅　酉戌亥午未申

同床煞　申巳寅亥　酉午卯子　戌未辰丑

孤鸞日　絕嗣日　甲寅　辛亥　戊申　丁巳　乙巳　壬子　丙申　丁丑

河魁煞　亥子丑人寅午戌局，巳午未人申子辰局，寅卯辰人亥卯未局，申酉戌人巳酉丑局。

披離煞　嫁日入中順尋二命，忌泊坎宮為披離，泊離不命，生和吉宮，剋命凶，諸書例誤。

俗自縊煞　從亥上起正月逆行數到所用之日，就月上起初一順行，巳位為杀，祿貴化吉。

朱雀煞　壬申　辛巳　庚寅　己亥　戊申　丁巳　朱雀到坤宜，珠書鳳凰制。

破碎煞　卯丑未女配丑未男為破碎煞。

帶馬煞　申子辰女忌寅日，亥卯未女忌巳日，寅午戌女忌申日，巳酉丑女忌亥日。

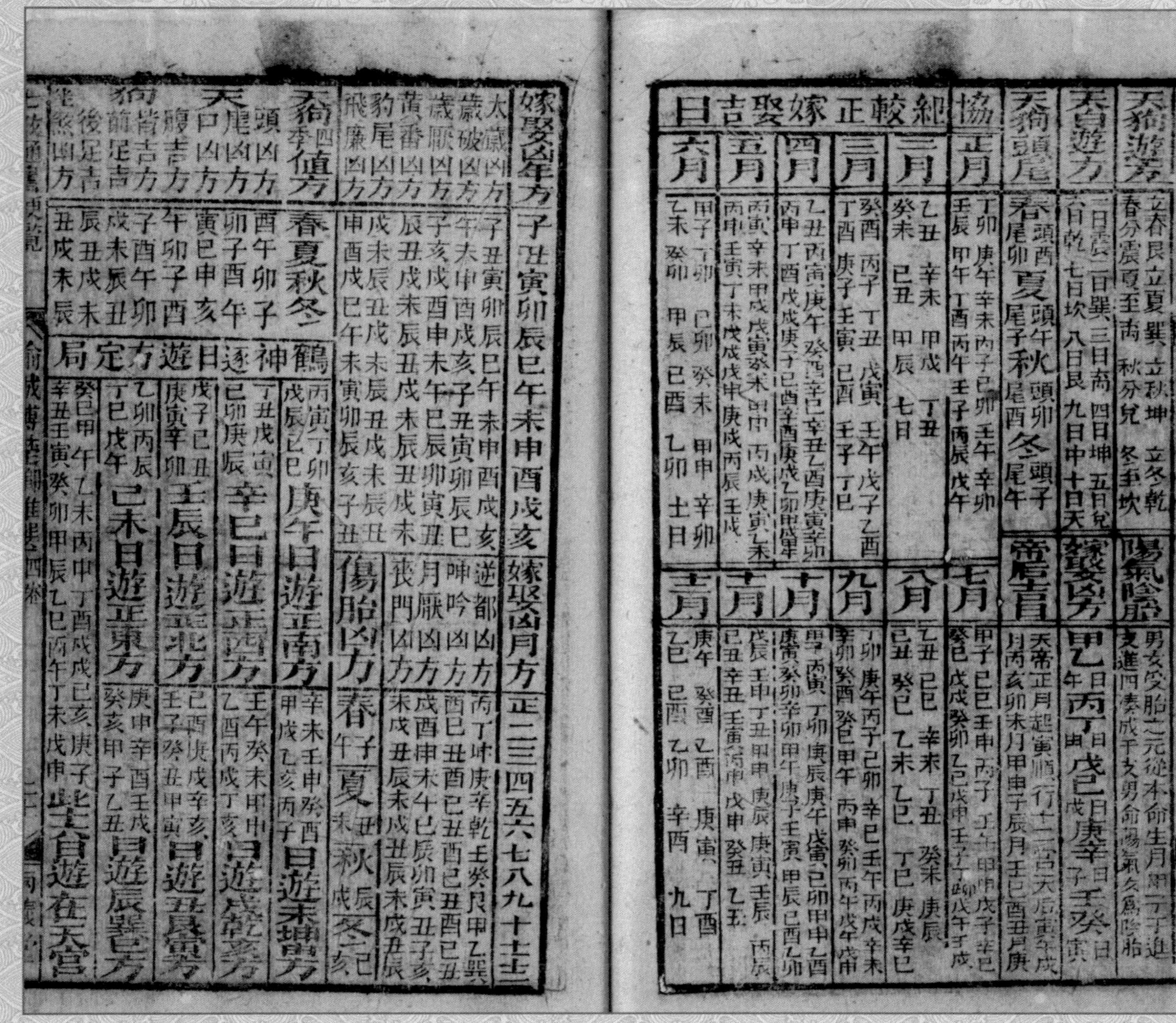

天狗遊方：立春艮　立夏巽　立秋坤　立冬乾　春分震　夏至离　秋分兌　冬至坎

天白遊方：一日震　二日巽　三日离　四日坤　五日兌　六日乾　七日坎　八日艮　九日中　十日天

天狗頭尾：春頭酉尾卯　夏頭午尾子　秋頭卯尾酉　冬頭子尾午

陽氣陰胎：男女受胎之元從本命生月與子午進支進四孟成干支男命陽氣女為陰胎

嫁娶男方：甲乙日午　丙丁日申　戊己日戌　庚辛日子　壬癸日寅

帝星方：天帝正月起寅順行十二宮天后寅午戌月丙亥卯未月甲申子辰月壬巳酉丑月庚

協紀較正嫁娶吉日

正月	丁卯　庚午　辛未　丙子　己卯　壬午　辛卯　壬辰　甲午　丁酉　丙午　壬子　丙辰　戊午
二月	乙丑　辛未　甲戌　丁丑　癸未　己丑　甲辰　七日
三月	癸酉　丙子　丁丑　戊寅　壬午　戊子　乙酉　丁酉　庚子　壬寅　己酉　壬子　丁巳
四月	乙丑　丙寅　庚午　癸酉　辛巳　辛丑　乙酉　庚寅　辛卯　丙申　丁酉　戊戌　庚子　己酉　辛酉　庚戌　乙卯　甲戌　甲午
五月	丙寅　辛未　甲戌　戊寅　癸未　甲申　丙戌　庚寅　乙未　丙申　壬寅　丁未　戊戌　戊申　庚戌　丙辰　壬戌
六月	甲子　丁卯　己卯　癸未　甲申　辛卯　乙未　癸卯　甲辰　己酉　乙卯　十日
七月	甲子　己巳　壬申　丙子　壬午　甲申　戊子　辛巳　癸巳　戊戌　癸卯　乙巳　戊申　壬子　丁卯　戊午　壬戌
八月	乙丑　己巳　辛未　丁丑　癸未　庚辰　己丑　癸巳　乙未　乙巳　丁巳　庚戌　辛巳
九月	丁卯　庚午　丙子　己卯　辛巳　壬午　丙戌　辛未　辛卯　癸酉　癸巳　甲午　丙申　癸卯　丙午　戊午　戊申
十月	甲子　丙寅　丁卯　庚辰　庚午　戊寅　己卯　甲申　乙酉　庚寅　癸卯　辛卯　甲午　庚子　壬寅　甲辰　己酉　乙卯
十一月	戊辰　壬申　丁丑　甲申　庚辰　庚寅　壬辰　丙辰　己丑　辛丑　壬寅　丙申　戊申　癸丑　乙丑
十二月	庚午　癸酉　乙酉　庚寅　丁酉　乙巳　己酉　乙卯　辛酉　九日

嫁娶凶年方

年	子	丑	寅	卯	辰	巳	午	未	申	酉	戌	亥
太歲凶方	子	丑	寅	卯	辰	巳	午	未	申	酉	戌	亥
歲破凶方	午	未	申	酉	戌	亥	子	丑	寅	卯	辰	巳
歲厭凶方	子	亥	戌	酉	申	未	午	巳	辰	卯	寅	丑
黃番凶方	辰	丑	戌	未	辰	丑	戌	未	辰	丑	戌	未
豹尾凶方	戌	未	辰	丑	戌	未	辰	丑	戌	未	辰	丑
飛廉凶方	申	酉	戌	巳	午	未	寅	卯	辰	亥	子	丑

天狗四季值方

	春	夏	秋	冬
頭凶方	酉	午	卯	子
尾凶方	卯	子	酉	午
口凶方	寅	巳	申	亥
腹吉方	午	卯	子	酉
背吉方	子	酉	午	卯
前足吉	戌	未	辰	丑
後足吉	辰	丑	戌	未
坐煞凶方	丑	戌	未	辰

嫁娶凶月方

月	正	二	三	四	五	六	七	八	九	十	十一	十二
逆都凶方	丙	丁	坤	庚	辛	乾	壬	癸	艮	甲	乙	巽
呻吟凶方	酉	巳	丑	酉	巳	丑	酉	巳	丑	酉	巳	丑
月厭凶方	戌	酉	申	未	午	巳	辰	卯	寅	丑	子	亥
喪門凶方	未	戌	丑	辰	未	戌	丑	辰	未	戌	丑	辰

傷胎凶方：春子午　夏丑未　秋辰戌　冬巳亥

鶴神逐日遊方定局

丙寅　丁卯　戊辰　己巳　庚午日遊正南方
辛未　壬申　癸酉　甲戌　乙亥　丙子日遊未坤方
丁丑　戊寅　己卯　庚辰　辛巳日遊正西方
壬午　癸未　甲申　乙酉　丙戌　丁亥日遊戌乾方
戊子　己丑　庚寅　辛卯　壬辰日遊正北方
己酉　庚戌　辛亥　壬子　癸丑　甲寅日遊丑艮方
乙卯　丙辰　丁巳　戊午　己未日遊正東方
庚申　辛酉　壬戌　癸亥　甲子　乙丑日遊辰巽方
癸巳　甲午　乙未　丙申　丁酉　戊戌　己亥　庚子　辛丑　壬寅　癸卯　甲辰　乙巳　丙午　丁未　戊申　此十六日遊在天宮

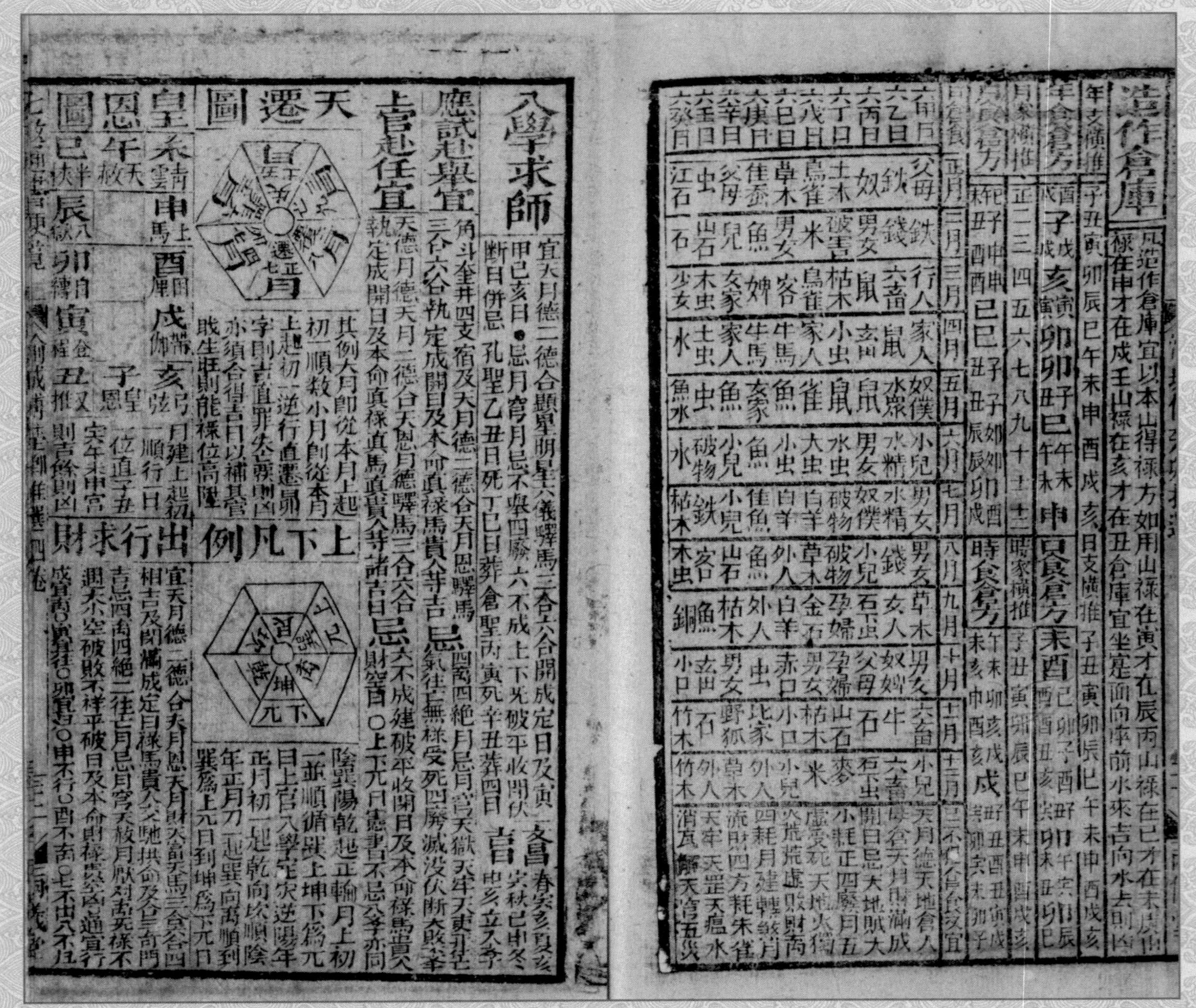

造作倉庫

凡造作倉庫宜以本山得祿方如用山祿在寅才在辰丙山祿在巳才在未庚山祿在申才在戌壬山祿在亥才在丑倉庫宜坐定面向庫前水來吉向水去則凶

入學求師

應試赴舉宜

吉起任宜

天遷圖

皇恩圖

上下凡例出行求財

開光周堂

大月初一從安向客順行　小月初一從主向客逆行　値安客吉主吉値主字凶　取余合主吉可用不必拘疑

祈福齋醮宜

甲子日善緣童子下降乙丑丙寅阿彌佛下降
庚午日青衣童子下降甲戌至己卯馬明王降
庚辰辛巳善財童子降甲申乙酉日彌陀佛降
壬辰日獲福佛菩佛降甲午至辛丑世尊佛降
壬寅癸卯日諸佛下界戊申己酉日千佛下界
己未日衆佛下界大吉庚申辛酉日釋迦佛降

宜天月德二德合月恩顯星婁生氣高生神在七聖除成開日
天月德二德合天月恩天赦福德天巫
顯星付星吉慶上吉神在及天門開時
忌天狗伏斷神忌四廢朱雀中白虎中受死轉殺建破平收日

諸佛下降吉日

諸神下降吉日

甲子乙丑諸神在地吉丁卯至己巳祈福太吉
壬申日諸神在天宮吉癸酉日祭祀河神太吉
己卯庚辰諸神下地吉甲申至丁亥諸神降界
戊子己丑家神降人間甲午乙未諸佛降人間
己亥日玉皇差降人間壬寅至丁未諸神祿善
己酉日下界天赦太吉庚申五福開避天門開

忌天狗寅日受死建破平收日及天門閉時

祭祀鬼神

開張店肆

宜天恩月德二德合三合六合天富天富陽德天月財大進開成定滿日及本命祿馬貴人拱吉
忌長短星四窮四絕二至二分上朔月破月忌四廢四耗財離天地賊空亡日時及本命祿貴空陷

栽種草穀

宜天月德天月德合母倉四相生氣六儀
忌九空往亡天火地火

栽種花木

宜四相日
忌死神死氣

合忌

月宮月忌建破乙日主用候

不成日

丙戌乙未壬辰辛亥

試新

試新建日當新宅長亡除日貧窮滿禍殃危日吉慶平利福定日招客上福堂
歌訣執破大凶官事起成除二日足田庄開閉二日皆吉利吉凶晉不付君祥

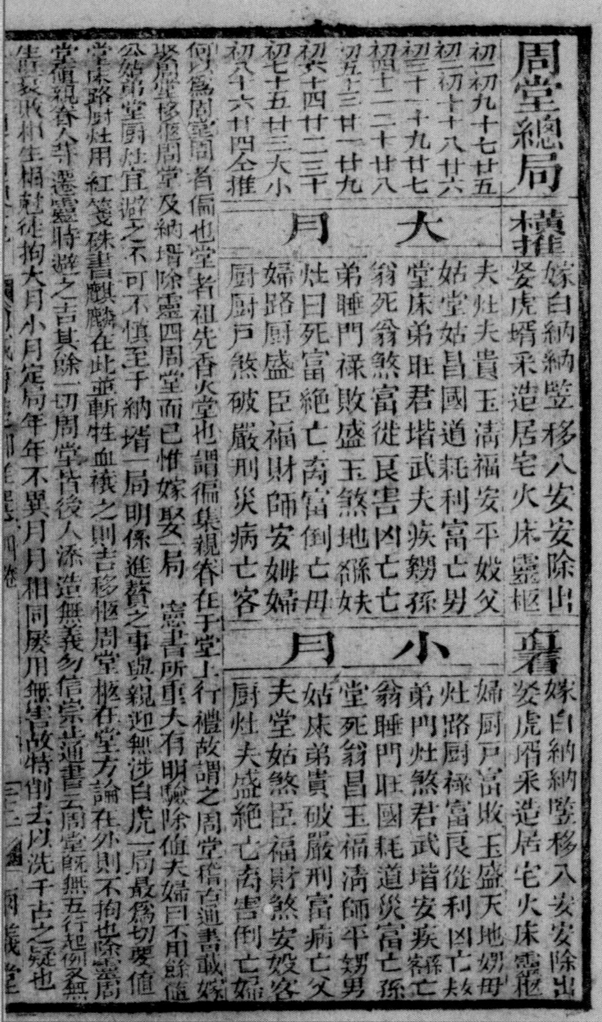

周堂總局

初一	初二	初三	初四	初五	初六	初七	初八
初九	初十	十一	十二	十三	十四	十五	十六
十七	十八	十九	二十	廿一	廿二	廿三	廿四
廿五	廿六	廿七	廿八	廿九	三十	大小	合推

大月

嫁娶	夫	姑	堂	翁	弟	灶	婦	廚
白虎	灶	堂	床	死	睡	日	路	廚
納婿	夫	姑	弟	翁	門	死	廚	戶
納采	貴	昌	旺	煞	祿	富	盛	煞
豎造	玉	國	君	富	敗	絕	臣	破
移居	清	道	堦	從	盛	亡	福	嚴
入宅	福	耗	武	艮	玉	离	財	刑
安火	安	利	夫	害	煞	富	師	災
安床	平	富	疾	凶	地	倒	安	病
除靈	妐	亡	甥	亡	孫	亡	姉	亡
出柩	父	男	孫	亡	妹	母	婦	客

小月

嫁娶	婦	灶	弟	翁	堂	姑	夫	廚
白虎	廚	路	門	睡	死	床	堂	灶
納婿	戶	廚	灶	門	翁	弟	姑	夫
納采	富	祿	煞	旺	昌	貴	煞	盛
豎造	敗	富	君	國	玉	破	臣	絕
移居	玉	艮	武	耗	福	嚴	福	亡
入宅	盛	從	堦	道	清	刑	財	离
安火	天	利	安	災	師	富	煞	害
安床	地	凶	疾	富	平	病	安	倒
除靈	姉	亡	孫	亡	甥	亡	姿	亡
出柩	母	妹	亡	孫	男	父	客	婦

何以為周堂周者偏也堂者祖先香火堂也謂偏集親眷在于堂上行禮故謂之周堂舊通書載嫁娶周堂移柩周堂及納壻除靈四周堂而已惟嫁娶一局　靈書所重大有明驗除値夫婦曰不用餘値公姑弟堂廚灶宜避之不可不慎至于納壻一局明係進贅之事與親迎無涉白虎一局最爲切要値堂床路廚灶用紅箋硃書麒麟在此並斬牲血禳之則吉移柩周堂柩在堂方論在外則不拘也除靈周堂備親眷人等遷靈時避之吉其餘一切周堂皆後人添造無義多信崇此通書云周堂既無五行起例柔無生剋旺相生桐乾往拘大月小月定局年年不異月月相同屢用無害故特側去以洗千古之疑也

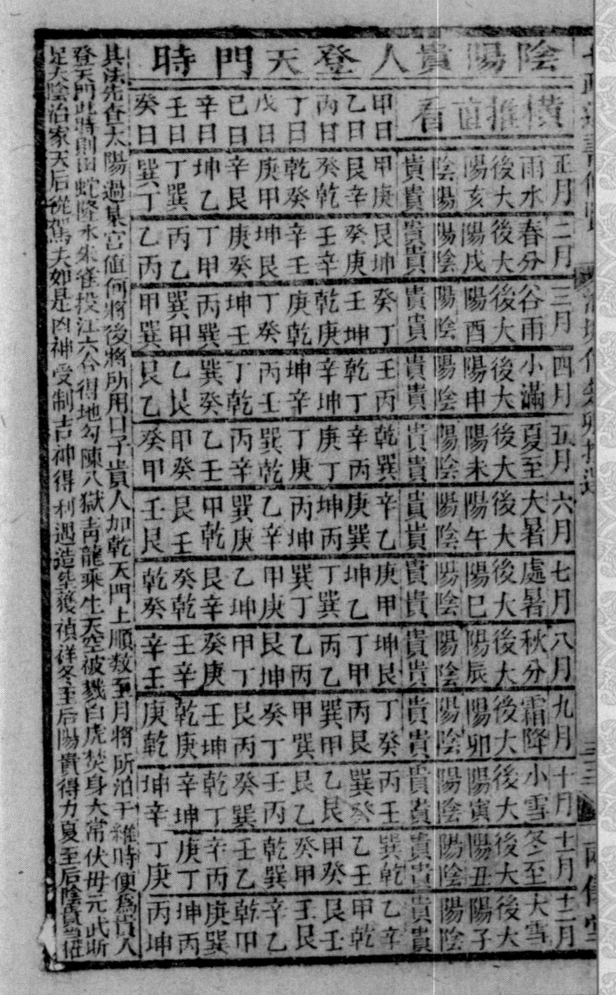

陰陽貴人登天門時

橫推直看

月	中氣			陽貴/陰貴		甲日	乙日	丙日	丁日	戊日	已日	辛日	壬日	癸日
正月	雨水	後大	陽亥	陰陽	貴貴	甲庚	艮辛	癸乾	乾癸	庚甲	辛艮	坤乙	丁巽	巽丁
二月	春分	後大	陽戌	陽陰	貴貴	艮坤	癸庚	壬辛	辛壬	坤艮	庚癸	丁甲	丙乙	乙丙
三月	谷雨	後大	陽酉	陽陰	貴貴	癸丁	壬坤	乾庚	庚乾	丁癸	坤壬	丙巽	巽甲	甲巽
四月	小滿	後大	陽申	陽陰	貴貴	壬丙	乾丁	辛坤	坤辛	丙壬	丁乾	巽癸	乙艮	艮乙
五月	夏至	後大	陽未	陽陰	貴貴	乾巽	辛丙	庚丁	丁庚	巽乾	丙辛	乙壬	甲癸	癸甲
六月	大暑	後大	陽午	陽陰	貴貴	辛乙	庚巽	坤丙	丙坤	乙辛	巽庚	甲乾	艮壬	壬艮
七月	處暑	後大	陽巳	陽陰	貴貴	庚甲	坤乙	丁巽	巽丁	甲庚	乙坤	艮辛	癸乾	乾癸
八月	秋分	後大	陽辰	陽陰	貴貴	坤艮	丁甲	丙乙	乙丙	艮坤	甲丁	癸庚	壬辛	辛壬
九月	霜降	後大	陽卯	陽陰	貴貴	丁癸	丙艮	巽甲	甲巽	癸丁	艮丙	壬坤	乾庚	庚乾
十月	小雪	後大	陽寅	陽陰	貴貴	丙壬	巽癸	乙艮	艮乙	壬丙	癸巽	乾丁	辛坤	坤辛
十一月	冬至	後大	陽丑	陽陰	貴貴	巽乾	乙壬	甲癸	癸甲	乾巽	壬乙	辛丙	庚丁	丁庚
十二月	大雪	後大	陽子	陽陰	貴貴	乙辛	甲乾	艮壬	壬艮	辛乙	乾甲	庚巽	坤丙	丙坤

其法先查太陽過某宮值何將後將所用日子貴人加乾天門上順数至月將所泊于維時便爲貴人登天門此時則因蛇隆水朱雀投江六合得地勾陳入獄青龍乘生天空被戮白虎焚身太常伏毋元武斯足太陰治家天后從駕大如是凶神受制吉神得利遇造葬獲禎祥冬至后陽貴得力夏至后陰貴當權

天元兼輔解

子午卯酉乾坤艮巽原屬天元宮寶照經曰子癸午丁天元宮卯乙酉辛一路同看謂子午卯酉之龍行度爲人乙辛丁癸但龍之行來子半癸則雜艮宮之丑氣半午半丁則雜坤宮之未氣卯半乙則雜巽宮之辰氣酉半辛則雜乾宮之戌氣此陰陽差錯之龍從放曰若有山水一同到手穴乾坤艮巽宮法以子午卯酉之龍山兼癸丁乙辛一二度爲準氣純夫雜而度猶在子午卯酉宮內所以有四正行龍多曲折一二三度中猶中八節之論但據天卦乾坤艮巽坐對子午卯酉之局向前排星於子午卯酉宮位得上元會巨祿三星方可謂之天元中元下元不用癸丁乙辛宮位

得一左輔方可謂之天元兼輔如子午卯酉即得會匠祿三星而癸丁乙辛不得左輔
宗得謂之天元兼輔夫元所以兼輔者在一運謂之一八合九得先天乾南坤北之
配二運謂之二八合十得後天艮北坤南之交三運謂之三八為朋得河圖天三地八生木
之數過此三運左輔失時矣

人地兼貪解

人地兩元兼貪之說皆謂隨時可用而不知人元兼貪乃中元文廉武當令之山地
元兼貪乃下元破輔弼值時之局也但人地兩元所以兼貪者在中元文曲用事兼貪
則得一四七之卦武曲用事兼貪則得一六共宗之義至廉貞為三元之中星用事而
亦兼貪者以貪為統令之宰可補五建極施惠左下元破軍用事兼貪則得
一四七之卦左輔用事兼貪則得一八合九之交至右弼為三元之殿用事而亦兼貪者
以貪為回復之魁而合九為十以成後天坎離水火之交但人地兼貪與天元兼輔
不同天元兼輔法以輔安在順子上人地兼貪以貪安在向水上或安在龍山上天元
為父母父母可以代子息其代順子而不代逆子者但謂子癸為壬子山之例耳
玄空之法有兼左兼右者是兼生旺之法直達之義也此貪之法但兼貪之法未有
安在左右者因以人地兩元之文辰宮位均偏子息人兼地地兼人陰陽錯亂人兼天
地兼天父母反經之謂也

河圖一六共宗二七同道三八為朋九為友如一運山龍排山會直在龍在山在峯武直在向
在水排向會直在向在水武直在龍在山在峯
一運水龍排山會直在向在水武直在龍在山排向會直在龍在山武直在向在水此
一六共宗之義如九運排山排向亦同所謂乾山乾向耳總之一運龍向山水同盤排來
處處有一會根則謂之子山子向九運亦然

每年三煞方

	子	丑	寅	卯	辰	巳	午	未	申	酉	戌	亥
劫	巳	寅	亥	申	巳	寅	亥	申	巳	寅	亥	申
三煞	午	卯	子	酉	午	卯	子	酉	午	卯	子	酉
歲	未	辰	丑	戌	未	辰	丑	戌	未	辰	丑	戌

三元歲運紫白起例

上元甲子起一白。甲戌九紫。甲申八白。甲午七赤。甲辰六白。甲寅五黃。
中元甲子起四綠。甲戌三碧。甲申二黑。甲午一白。甲辰九紫。甲寅八白。
下元甲子起七赤。甲戌六白。甲申五黃。甲午四綠。甲辰三碧。甲寅二黑。
以上列三運均依次逆推

三元紫白年月日時起例法

九宮局				
	乾六	兌七	艮八	離九
		中宮五		
	巽四	震三	坤二	坎一

起星法			
	一白水	二黑土	三碧木
	四綠木	五黃土	六白金
	七赤金	八白土	九紫火

三元年白法 上元甲子起一白 中元四綠却為頭 下元七赤兌方發

逆順分年把星流 六十年為一元一百八十年分為三元

上元甲子起一白乙丑到九紫 中元甲子起四綠乙丑到三碧 下元甲子起七赤

乙丑到六白 并逆布以求值年星既以值年星入中宮順飛八方

三元年方白法之局

上元年	中元年	下元年	甲子 癸酉 壬午 辛卯 庚子 己酉 戊午	乙丑 甲戌 癸未 壬辰 辛丑 庚戌 己未	丙寅 乙亥 甲申 癸巳 壬寅 辛亥 庚申	丁卯 丙子 乙酉 甲午 癸卯 壬子 辛酉	戊辰 丁丑 丙戌 乙未 甲辰 癸丑 壬戌	己巳 戊寅 丁亥 丙申 乙巳 甲寅 癸亥	庚午 己卯 戊子 丁酉 丙午 乙卯	辛未 庚辰 己丑 戊戌 丁未 丙辰	壬申 辛巳 庚寅 己亥 戊申 丁巳
一白	四綠	七赤	中	乾	兌	艮	離	坎	坤	震	巽
二黑	五黃	八白	乾	兌	艮	離	坎	坤	震	巽	中
三碧	六白	九紫	兌	艮	離	坎	坤	震	巽	中	乾
四綠	七赤	一白	艮	離	坎	坤	震	巽	中	乾	兌
五黃	八白	二黑	離	坎	坤	震	巽	中	乾	兌	艮
六白	九紫	三碧	坎	坤	震	巽	中	乾	兌	艮	離
七赤	一白	四綠	坤	震	巽	中	乾	兌	艮	離	坎
八白	二黑	五黃	震	巽	中	乾	兌	艮	離	坎	坤
九紫	三碧	六白	巽	中	乾	兌	艮	離	坎	坤	震

選布求值年星定局

年	上元	中元	下元
甲子癸酉壬午辛卯庚子己酉戊午	一白	四綠	七赤
乙丑甲戌癸未壬辰辛丑庚戌己未	九紫	三碧	六白
丙寅乙亥甲申癸巳壬寅辛亥庚申	八白	二黑	五黃
丁卯丙子乙酉甲午癸卯壬子辛酉	七赤	一白	四綠
戊辰丁丑丙戌乙未甲辰癸丑壬戌	六白	九紫	三碧
己巳戊寅丁亥丙申乙巳甲寅癸亥	五黃	八白	二黑
庚午己卯戊子丁酉丙午乙卯	四綠	七赤	一白
辛未庚辰己丑戊戌丁未丙辰	三碧	六白	九紫
壬申辛巳庚寅己亥戊申丁巳	二黑	五黃	八白

上排之六十年所值之星（三元）移入中宮，飛分八方

三元月白山同代方定局

寅申巳亥年	子午卯酉年	辰戌丑未年	一白	二黑	三碧	四綠	五黃	六白	七赤	八白	九紫
四	正十	七	兑	艮	离	坎	坤	震	巽	中	乾
五	二十一	八	艮	离	坎	坤	震	巽	中	乾	兑
六	三十二	九	离	坎	坤	震	巽	中	乾	兑	艮
七	四	正十	坎	坤	震	巽	中	乾	兑	艮	离
八	五	二十一	坤	震	巽	中	乾	兑	艮	离	坎
九	六	三十二	震	巽	中	乾	兑	艮	离	坎	坤
正十	七	四	巽	中	乾	兑	艮	离	坎	坤	震
二十一	八	五	中	乾	兑	艮	离	坎	坤	震	巽
三十二	九	六	乾	兑	艮	离	坎	坤	震	巽	中

三元月白法詩例

子午卯酉起八白　寅申巳亥二黑求　辰戌丑未五黃起　掌中元宮逆遊（順）

十二年分三元子午酉卯年為上元正十起八白二月七赤三月六白　辰戌丑未年爲中元正月起五黃二月四綠三月三碧　寅申巳亥年為下元正月起二黑二月一白三月九紫　昇逆數以求值月星閤得值月星即移入中宮順飛八方

上元子午卯酉四仲年　正十月八白●二十一月七赤○三十二月六白○四月五黃●五月四綠●

六月三碧●七月二黑●八月一白○九月九紫○

中元辰戌丑未四季年　正十月五黃●二十一月四綠●三十二月三碧●四月二黑●五月一白○

六月九紫○七月八白○八月七赤●九月六白○

下元寅申巳亥四孟年　正十月二黑●二十一月一白○三十二月九紫○四月八白○五月七赤●

六月六白○七月五黃●八月四綠●九月三碧●

右排定所值之星入三元即移本月所值星入外宮順飛八方

三元月方白法定局

冬至	小寒	大寒	立春	白	黑	碧	綠	黃	白	赤	白	紫
雨水	驚蟄	春分	清明	赤	白	紫	白	黑	碧	綠	黃	白
穀雨	立夏	小滿	芒種	綠	黃	白	赤	白	紫	白	黑	碧
夏至	小暑	大暑	立秋	紫	白	赤	白	黃	綠	碧	黑	白
處暑	白露	秋分	寒露	碧	黑	白	紫	白	赤	白	黃	綠
霜降	立冬	小雪	大雪	白	黃	綠	碧	黑	白	紫	白	赤

甲子	癸酉	壬午	辛卯	庚子	己酉	戊午	中	乾	兌	艮	離	坎	坤	震	巽
乙丑	甲戌	癸未	壬辰	辛丑	庚戌	己未	巽	中	乾	兌	艮	離	坎	坤	震
丙寅	乙亥	甲申	癸巳	壬寅	辛亥	庚申	震	巽	中	乾	兌	艮	離	坎	坤
丁卯	丙子	乙酉	甲午	癸卯	壬子	辛酉	坤	震	巽	中	乾	兌	艮	離	坎
戊辰	丁丑	丙戌	乙未	甲辰	癸丑	壬戌	坎	坤	震	巽	中	乾	兌	艮	離
己巳	戊寅	丁亥	丙申	乙巳	甲寅	癸亥	離	坎	坤	震	巽	中	乾	兌	兌
庚午	己卯	戊子	丁酉	丙午	乙卯		艮	離	坎	坤	震	巽	中	乾	艮
辛未	庚辰	己丑	戊戌	丁未	丙辰		兌	艮	離	坎	坤	震	巽	中	乾
壬申	辛巳	庚寅	己亥	戊申	丁巳		乾	兌	艮	離	坎	坤	震	巽	中

三元日白法　冬至後陽遁　一白　二黑　三碧　四綠　五黃　六白　七赤　八白　九紫
自一白數至九紫順行週而始求值日星　冬至前后甲子為陽遁分三元甲子為上
元雨水前后甲子為中元谷雨前后甲子為下元　上元甲子起一白乙丑二黑丙寅三碧
中元甲子起七赤乙丑八白丙寅九紫　下元甲子起四綠乙丑五黃丙寅六白并順布求值日
星即移入中宮順飛八方

夏至後陰遁　九紫　八白　七赤　六白　五黃　四綠　三碧　二黑　一白　自九紫數至一白逆行
週而復始求值日星　夏至後為陰遁三元夏至前後甲子為上元　處暑前後甲子中
元霜降前后甲子下元上元甲子起九紫乙丑八白丙寅七赤　中元甲子起三碧乙丑二黑
丙寅一白　下元甲子起六白乙丑五黃丙寅四綠并逆布求值日星即移入中宮逆飛八方

李　宋陳子擇日訣○陽生冬至前後時○順順行甲子一宮移○雨水便從七宮起○谷雨
還從四綠推○明生夏至九宮逆○處暑前後三碧凝○霜降六宮起甲子○順逆
分明三元宮○

逆行週而復始求值時星○夏至後子午卯酉四仲日為上元以子時起九紫○冬
季日為中元以甲子起三碧○寅申巳亥四孟日為下元以甲子時起六白再逆

三元時白方定局

冬	至	後	白	黑	碧	綠	黃	白	赤	白	紫
夏	至	後	紫	白	赤	白	黃	綠	碧	黑	白
子	寅	辰									
午	申	戌									
卯	巳	丑									
酉	亥	未									
子酉丑戌寅亥	午	卯	中	乾	兌	艮	離	坎	坤	震	巽
	未	辰	巽	中	乾	兌	艮	離	坎	坤	震
	申	巳	震	巽	中	乾	兌	艮	離	坎	坤
卯	子酉戌丑寅亥	午	坤	震	巽	中	乾	兌	艮	立	坎
辰		未	坎	坤	正	巽	中	乾	兌	艮	立
巳		申	離	坎	坤	震	巽	中	乾	兌	艮
午	卯	子酉丑戌	艮	立	坎	坤	震	巽	中	乾	兌
未	辰		兌	艮	立	坎	坤	震	巽	中	乾

黄帝歷　顓頊歷　夏歷　殷歷　周歷　魯歷　前漢三統歷　後漢四分歷
吴乾象歷　魏黄初歷　魏京初歷　晋正歷　姜岌歷　梁趙歷　宋元嘉歷
梁武大同歷　後魏正光歷　東魏興和歷　刘孝孫歷　斉天保歷　周天和歷
周寅元歷　隋張賓歷　張冑元歷　刘焯皇極歷　傅仁均戊寅歷　神龍歷
李淳風見行麟德歷

二十四山龍脉總歌　抄理殷宜之經

坤壬乙兩艮丙辛。艮巨山龍換破軍。子卯未和午酉丑。填離取坎合

相生輔貪本是真夫婦。寅共庚丁甲癸申。惟有少男並少女不尋武曲

不尋文辰用巨門辛艮丙。若從戌子勾兼辛。戌是破軍壬坤乙從辰

巽使乙來侵乾宮。應用貪狼脉甲申甲癸。巽上直從左輔生寅庚丁。若門亥宮

子卯未巳寅午酉丑同。倫尋到四星卦主位。回龍顧主穴尤真。貪輔

以初為主祿。弼以中為主顧。主者乾龍巽穴。巽龍乾穴。巳龍亥穴亥

龍巳穴之類。抄此備攷者因辨正內有經四位而起卦者只有寫此係八句但著些子天機者實不知金龍為何物然謂金龍除楊蔣外均不明了

天地人三元卦

子午卯酉乾坤艮巽為天元卦。寅申巳亥乙辛丁癸為人元卦。辰戌丑未甲庚壬丙為地元卦。但天地之義有三元。以時論三元一二三運是也。以星論貪狼巨門祿存是也。以宮神論子午卯酉乾坤艮巽是也。三合者兩並得之方謂之天元宮之最清者。人地兩元亦同。

開元占經云

正五九月殺在丑　二六十月殺在戌　三七冬月殺在未

四八腊月殺在辰

占筮類			
1	擲地金聲搜精秘訣	心一堂編	沈氏研易樓藏稀見易占秘鈔本
2	卜易拆字秘傳百日通	心一堂編	
3	易占陽宅六十四卦秘斷	心一堂編	火珠林占陽宅風水秘鈔本
星命類			
4	斗數宣微	【民國】王裁珊	民初最重要斗數著述之一；未刪改本
5	斗數觀測錄	【民國】王裁珊	失傳民初斗數重要著作
6	《地星會源》《斗數綱要》合刊	心一堂編	失傳的第三種飛星斗數
7	《斗數秘鈔》《紫微斗數之捷徑》合刊	心一堂編	珍稀「紫微斗數」舊鈔秘本
8	斗數演例	心一堂編	
9	紫微斗數全書（清初刻原本）	題【宋】陳希夷	斗數全書本來面目；有別於錯誤極多的坊本
10-12	鐵板神數（清刻足本）——附秘鈔密碼表	題【宋】邵雍	無錯漏原版 秘鈔密碼表　首次公開！
13-15	蠢子數纏度	題【宋】邵雍	蠢子數連密碼表 打破數百年秘傳　首次公開！
16-19	皇極數	題【宋】邵雍	清鈔孤本附起例及完整密碼表 研究神數必讀！
20-21	邵夫子先天神數	題【宋】邵雍	附手鈔密碼表　研究神數必讀！
22	八刻分經定數（密碼表）	題【宋】邵雍	皇極數另一版本；附手鈔密碼表
23	新命理探原	【民國】袁樹珊	子平命理必讀教科書！
24-25	袁氏命譜	【民國】袁樹珊	
26	韋氏命學講義	【民國】韋千里	民初二大命理家南袁北韋 北韋之命理經典
27	千里命稿	【民國】韋千里	
28	精選命理約言	【民國】韋千里	
29	滴天髓闡微——附李雨田命理初學捷徑	【民國】袁樹珊、李雨田	命理經典未刪改足本
30	段氏白話命學綱要	【民國】段方	民初命理經典最淺白易懂
31	命理用神精華	【民國】王心田	學命理者之寶鏡
32	命學探驪集	【民國】張巢雲	發前人所未發 稀見民初子平命理著作
33	澹園命談	【民國】高澹園	
34	算命一讀通—鴻福齊天	【民國】不空居士、覺先居士合纂	
35	子平玄理	【民國】施惕君	

心一堂術數古籍珍本叢刊 第一輯書目

一

36	星命風水秘傳百日通	心一堂編	
37	命理大四字金前定	題【晉】鬼谷子王詡	源自元代算命術
38	命理斷語義理源深	心一堂編	稀見清代批命斷語及活套
39-40	文武星案	【明】陸位	失傳四百年《張果星宗》姊妹篇 千多星盤命例　研究命學必備
相術類			
41	新相人學講義	【民國】楊叔和	失傳民初白話文相術書
42	手相學淺說	【民國】黃龍	民初中西結合手相學經典
43	大清相法	心一堂編	重現失傳經典相書
44	相法易知	心一堂編	
45	相法秘傳百日通	心一堂編	
堪輿類			
46	靈城精義箋	【清】沈竹礽	沈氏玄空遺珍 玄空風水必讀
47	地理辨正抉要	【清】沈竹礽	
48	《玄空古義四種通釋》《地理疑義答問》合刊	沈瓞民	
49	《沈氏玄空吹虀室雜存》《玄空捷訣》合刊	【民國】申聽禪	
50	漢鏡齋堪輿小識	【民國】查國珍、沈瓞民	
51	堪輿一覽	【清】孫竹田	失傳已久的無常派玄空經典
52	章仲山挨星秘訣（修定版）	【清】章仲山	章仲山無常派玄空珍秘 門內秘本首次公開 沈竹礽等大師尋覓一生未得之珍本！
53	臨穴指南	【清】章仲山	
54	章仲山宅案附無常派玄空秘要	心一堂編	
55	地理辨正補	【清】朱小鶴	玄空六派蘇州派代表作
56	陽宅覺元氏新書	【清】元祝垚	簡易・有效・神驗之玄空陽宅法
57	地學鐵骨秘　附 吳師青藏命理大易數	【民國】吳師青	釋玄空廣東派地學之秘
58-61	四秘全書十二種（清刻原本）	【清】尹一勺	玄空湘楚派經典本來面目 有別於錯誤極多的坊本
62	地理辨正補註　附 元空秘旨　天元五歌　玄空精髓　心法秘訣等數種合刊	【民國】胡仲言	貫通易理、巒頭、三元、三合、天星、中醫
63	地理辨正自解	【清】李思白	公開玄空家「分率尺、工部尺、量天尺」之秘
64	許氏地理辨正釋義	【民國】許錦灝	民國易學名家黃元炳力薦

心一堂術數古籍珍本叢刊 第一輯書目

二

65	地理辨正天玉經內傳要訣圖解	【清】程懷榮	秘訣一語道破，圖文并茂
66	謝氏地理書	【民國】謝復	玄空體用兼備、深入淺出
67	論山水元運易理斷驗、三元氣運說附紫白訣等五種合刊	【宋】吳景鸞等	失傳古本《玄空秘旨》《紫白訣》
68	星卦奧義圖訣	【清】施安仁	三元玄空門內秘笈　清鈔孤本 過去均為必須守秘不能公開秘密 與今天流行飛星法不同
69	三元地學秘傳	【清】何文源	
70	三元玄空挨星四十八局圖說	心一堂編	
71	三元挨星秘訣仙傳	心一堂編	
72	三元地理正傳	心一堂編	
73	三元天心正運	心一堂編	
74	元空紫白陽宅秘旨	心一堂編	
75	玄空挨星秘圖　附 堪輿指迷	心一堂編	
76	姚氏地理辨正圖說　附 地理九星并挨星真訣全圖 秘傳河圖精義等數種合刊	【清】姚文田等	蓮池心法　玄空六法 門內秘鈔本首次公開
77	元空法鑑批點本——附 法鑑口授訣要、秘傳玄空三鑑奧義匯鈔　合刊	【清】曾懷玉等	
78	元空法鑑心法	【清】曾懷玉等	
79	曾懷玉增批蔣徒傳天玉經補註【新修訂版原（彩）色本】	【清】項木林、曾懷玉	
80	地理學新義	【民國】俞仁宇撰	揭開連城派風水之秘
81	地理辨正揭隱(足本)　附連城派秘鈔口訣	【民國】王邈達	
82	趙連城傳地理秘訣附雪庵和尚字字金	【明】趙連城	
83	趙連城秘傳楊公地理真訣	【明】趙連城	
84	地理法門全書	仗溪子、芝罘子	巒頭風水，內容簡核、深入淺出
85	地理方外別傳	【清】熙齋上人	巒頭形勢、「望氣」「鑑神」
86	地理輯要	【清】余鵬	集地理經典之精要
87	地理秘珍	【清】錫九氏	巒頭、三合天星，圖文並茂
88	《羅經舉要》附《附三合天機秘訣》	【清】賈長吉	清鈔孤本羅經、三合訣法圖解
89-90	嚴陵張九儀增釋地理琢玉斧巒	【清】張九儀	清初三合風水名家張九儀經典清刻原本！
91	地學形勢摘要	心一堂編	形家秘鈔珍本
92	《平洋地理入門》《巒頭圖解》合刊	【清】盧崇台	平洋水法、形家秘本
93	《鑒水極玄經》《秘授水法》合刊	【唐】司馬頭陀、【清】鮑湘襟	千古之秘，不可妄傳匪人
94	平洋地理闡秘	心一堂編	雲間三元平洋形法秘鈔珍本
95	地經圖說	【清】余九皋	形勢理氣、精繪圖文

心一堂術數古籍珍本叢刊　第一輯書目

三

96	司馬頭陀地鉗	【唐】司馬頭陀	流傳極稀《地鉗》
97	欽天監地理醒世切要辨論	【清】欽天監	公開清代皇室御用風水真本
三式類			
98-99	大六壬尋源二種	【清】張純照	六壬入門、占課指南
100	六壬教科六壬鑰	【民國】蔣問天	由淺入深，首尾悉備
101	壬課總訣	心一堂編	過去術家不外傳的珍稀六壬術秘鈔本
102	六壬秘斷	心一堂編	
103	大六壬類闡	心一堂編	
104	六壬秘笈——韋千里占卜講義	【民國】韋千里	六壬入門必備
105	壬學述古	【民國】曹仁麟	依法占之，「無不神驗」
106	奇門揭要	心一堂編	集「法奇門」、「術奇門」精要
107	奇門行軍要略	【清】劉文瀾	條理清晰、簡明易用
108	奇門大宗直旨	劉毗	天下孤本　首次公開 虛白廬藏本《秘藏遁甲天機》 奇門不傳之秘　應驗如神
109	奇門三奇干支神應	馮繼明	
110	奇門仙機	題【漢】張子房	
111	奇門心法秘纂	題【漢】韓信（淮陰侯）	
112	奇門廬中闡秘	題【三國】諸葛武侯註	
選擇類			
113-114	儀度六壬選日要訣	【清】張九儀	清初三合風水名家張九儀擇日秘傳
115	天元選擇辨正	【清】一園主人	釋蔣大鴻天元選擇法
其他類			
116	述卜筮星相學	【民國】袁樹珊	民初二大命理家南袁北韋 南袁之術數經典
117-120	中國歷代卜人傳	【民國】袁樹珊	

心一堂術數古籍珍本叢刊　第一輯書目

四